西南法律评论

SOUTHWEST LAW REVIEW

（第5卷　总第34卷）

周尚君　主编

法律出版社
LAW PRESS·CHINA
北京

西南政法大学

SOUTHWEST UNIVERSITY OF POLITICAL SCIENCE & LAW

1950

西南法律评论

SOUTHWEST LAW REVIEW

（第5卷　总第34卷）

周尚君　主编

法律出版社
LAW PRESS · CHINA
—— 北京 ——

图书在版编目(CIP)数据

西南法律评论. 第5卷：总第34卷/周尚君主编
. --北京：法律出版社，2022
ISBN 978-7-5197-6025-0

Ⅰ. ①西… Ⅱ. ①周… Ⅲ. ①法学-中国-文集
Ⅳ. ①D920.0-53

中国版本图书馆CIP数据核字(2021)第202283号

西南法律评论(第5卷·总第34卷)
XINAN FALÜ PINGLUN
(DI-5 JUAN · ZONG DI-34 JUAN)

周尚君 主编

策划编辑 陈 妮
责任编辑 陈 妮 刘雪莲
装帧设计 李 瞻

出版发行 法律出版社
编辑统筹 法治与经济出版分社
责任校对 王 丰 郭艳萍
责任印制 吕亚莉
经　　销 新华书店

开本 710毫米×1000毫米 1/16
印张 12.25 **字数** 217千
版本 2022年5月第1版
印次 2022年5月第1次印刷
印刷 天津嘉恒印务有限公司

地址：北京市丰台区莲花池西里7号(100073)
网址：www.lawpress.com.cn
投稿邮箱：info@lawpress.com.cn
举报盗版邮箱：jbwq@lawpress.com.cn

销售电话：010-83938349
客服电话：010-83938350
咨询电话：010-63939796

书号：ISBN 978-7-5197-6025-0
定价：120.00元
凡购买本社图书，如有印装错误，我社负责退换。电话：010-83938349

学术顾问：付子堂　吴钰鸿　岳彩申　唐　力　孙长永
龙大轩　卢代富　赵万一　梅传强　谭宗泽
石经海　李雨峰　周祖成　张晓君　陈　亮
李　树

主　　编：周尚君

执行主编：林士平　周泽中

副 主 编：胡涵严　李岚清

专家审稿人：（按姓氏笔画排序）
毋爱斌　刘　骏　闫召华　孙德鹏　杨尚东
陈　伟　林少伟　赵　吟　赵自轩　胡兴建
梅　傲

编写说明

《西南法律评论》创办于1985年,前身为《法论(西南政法大学研究生学报)》,是由西南政法大学主办,在校硕士、博士研究生承办、组织和编辑的法学学术连续出版物。创办以来,众多知名法学专家担任学术顾问。

肇创之初,《法论(西南政法大学研究生学报)》就以"思想立刊,青年学术"为宗旨,继承西南政法大学"博学笃行、厚德重法"之校训,以"思想立刊,秉志方正"为基石,志在弘扬政法人文和法治精神。

惟有思想才动人心弦,惟有思想才能产生持续且绵延的感动和鼓舞。年轻人具有深刻的自我剖析、反思与重构能力,为学术发展增添了大量创新性的研究成果。《西南法律评论》彰显青年学术,勉励并扶持了一批有志于学术研究的青年学人,不拘作者出身,不限研究视域,谨聚焦理论和实践发展,覆盖民商事法治、刑事法治、经济法治、涉外法治等领域。

本卷采撷理论与实务佳作共11篇。其中,吴飞对"嵌入式"财政专项资金使用监督模式的理论与实践展开研讨。作者分析巡视巡察监督制度,以此突出"嵌入式"监督的强监督关系及其内部性、过程性与强效果性的特征,并从关系嵌入、制度嵌入、功能嵌入、思想嵌入四个维度为"嵌入式"商务发展资金监督模式的构建指明路径。刘宇飞立足12部社会信用地方性法规发现,虽然我国多地相继出台社会信用地方性法规,但针对社会信用的国家立法尚未出台;尽管社会信用国家立法已经纳入规划,但制度的成熟需要时间磨砺。钱程、董雨婷在利益平衡视域下审视股东出资义务加速到期的价值定位。作者认为,非破产状态能否适用股东出资义务加速到期应当立足于《公司法》的利益体系。林前基于互联网经济对网络游戏账号交易的合法性进行深入思考,认为网络游戏账号为玩家对运营商享有的债权性权利,账号所有者应当享有自由转让的权利,运营商负有保护网络游戏账号交易的义务。李一璇分析了在"不动产登记机构登记错误"案件中,民事诉讼和国家赔偿诉讼两种可能的救济渠道。胡丽萍着眼于《民法典》确立的成年监护制度,主张成年意定监护人和法定监护人责任的归责原则应向过错推定原则靠拢,同时,监护人与被监护人在特定情形下对被侵权人承担公平责任。刘宇着力构建认罪认罚从宽和刑事和解两制度间的衔接机制,认为认罪认罚虽已被写入法律,但认罪认罚从宽制度与刑事和解制度欠缺有效衔接机制,具体适用中容易产生"实体从宽幅度难把握、程序从宽落实不力"等问题。袁佩君着力推动黑恶势力犯罪"保护伞"的精细化认定。文章关注黑恶势力犯罪和渎职类犯罪竞合的现实,以实践案例展开对"保护伞"认定标准的研究。马可认为,应当在限定"孤证"范围与类别的前提下,有限适用"孤证不能定案"规则,避免事实认定僵化,在司法实践中发挥该原则的实质性作用。吴俊艳主张,侵犯公民个人信息罪的保护法益应为"信息自决权",非法利用才是对该法益的实质性侵害。王振谦认为,我国最高人民法院国际商事法庭设置上诉机制具有必要性,有利于诉讼优势的建立,符合"一带一路"国际商事争端机制"追求效率"的价值取向,并提出将"专门法院一审+最高人民法院国际商事法庭主要二审"的形式引入上诉机制,平衡国际商事法庭的公正与效率价值取向。

此间不乏骋怀游目之作,汇辑此卷,以飨读者。

《西南法律评论》编辑部

目　录

理论聚焦

民商法专论

刑事法前沿

Southwest Law Review **(Volume 5 · 34)**

CONTENTS

Focus on Theory

Civil and Commercial Law Monograph

Frontiers of Criminal Law

International Legal Studies

理论聚焦

《西南法律评论》(第5卷·总第34卷)
第3~21页

“嵌入式”财政专项资金使用监督模式:理论与实践
——以J省商务厅商务发展资金使用为切入

吴　飞*

摘　要:巡视巡察监督由独立主体实施,但较之于巡视巡察监督,“嵌入式”监督更具强监督关系性、内部性、过程性与强效果性特征。通过关系嵌入、制度嵌入、功能嵌入以及认识嵌入4个维度,派驻监督实现了对权力行使全方位、全流程的监督,从而为实现监督监察的精准发力与过程化、精准化和专业化提供了积极有效的实践探索。

关键词:嵌入式;监察;派驻;专项资金;腐败

一、问题的提出

构建科学完善的监察监督模式既是打造不能腐、不敢

---

* 中共江苏省委党校2018级宪法与行政法专业硕士研究生。

本文系2019年度全国地方党校(行政学院)重点调研课题“构建一体推进的不敢腐不能腐不想腐有效机制研究”(项目编号:2019dfdxkt042)的阶段性研究成果。

腐、不想腐的有效反腐机制的内在要求,也是实现国家治理体系与治理能力现代化的必要通途。党的十九大提出:要深化纪检监察体制改革,完善派驻监督体制机制,推进纪律监督、监察监督、派驻监督、巡视监督统筹衔接,从而推进纪检监察工作规范化、法治化。① 十九届中央纪委四次全会再次重申:要加强上级纪委监委对下级纪委监委的领导,完善纪律监督、监察监督、派驻监督、巡视监督统筹衔接制度,强化纪委监委监督的协助引导推动功能。② 这表明,加强对权力运行的制约监督已成为党和国家建设的一项重大战略任务,建构完善高效、科学严谨的派驻监督机制亦已成为党和国家优化监察工作体系、提升监察工作效能的重要着力点。商务发展资金是国家支持保障重点行业、重点领域的专门财政政策与国家投入,在监察全覆盖的视域下如何实现对其监察监督的全面科学、严谨高效也就成为派驻监督所面临的现实课题。

二、"嵌入式"监督:一个新的分析框架

(一)"嵌入":派驻监督的新视角

"嵌入"的核心意涵是指组织运行过程中政治、文化、社会资本、组织关系等环境因素对组织运行逻辑和发展态势的植入性影响,③它强调的是嵌入主体拥有的不同特性或者是从事不同活动间的关联,也就是说,嵌入客体的某些要素尽管分布在另外一个领域,它却也是嵌入主体的另一种特性或行动,它具有提供信任、传递有效信息和促进问题共同解决等独特功能。④ 在经济活动领域中,嵌入性治理模式通常被分为业务嵌入与关系嵌入两种;在行政活动领域中,嵌入性治理模式可以理解为包括行政嵌入、功能嵌入、结构嵌

① 参见《中共中央关于坚持和完善中国特色社会主义制度——推进国家治理体系和治理能力现代化若干重大问题的决定》,载《人民日报》2019年11月6日,第1版。

② 参见《十九届中央纪委四次全会公报》,载《人民日报(海外版)》2020年1月16日,第1版。

③ 参见康晓光等:《依附式发展的第三部门》,社会科学文献出版社2011年版,第119页。

④ 参见罗峰:《嵌入、整合与政党权威的重塑:对中国执政党、国家和社会关系的考察》,上海人民出版社2009年版,第15~16页。

入、主体嵌入、技术嵌入以及思想嵌入等。[5]

监督与权力相伴相生,由来已久,尤其是在现代政治文明中,权力监督是现代法治国家的基本要求和主要特征。监督是指权力委托主体对权力代理主体的控制,以保障权力行使符合委托意图。[6] 监督以控权为目的,遵循控权逻辑。在实践中,权力监督表现在具体的权力配置方式、权力运行控制机制以及责任追究机制等具体的制度设计之中。根据权力监督主体来源的不同,监督可分为外部监督和内部监督。其中内部监督主要是权力行使主体对自我或被委托权力行使行为的主动监管和督查,以保障自我或被委托权力行使的合法性。

"嵌入"强调同一主体所拥有的两种属性或其从事的两种行为之间的关联,因而是一种表示"关系"的概念,[7]正是这一属性将它与权力行使与权力监督关联起来。在内部监督机制中,权力主体自身委托或委派特定的内部权力监督机构,通过特定的机制和程序,对被委托行使权力的主体、权力运行过程、组织业务和流程等进行"嵌入式"干预和调控,有效加强廉洁风险识别与防控,从而达到国家廉洁行使权力的目的,这种干预和调控也使行使权力主体借助监督提升权力行使的有效性和合法性,从而加强权力委托主体与被委托权力行使主体之间的合作关系。因此,从权力监督的视角观察,这种监督的策略类型可以被称为"嵌入式"监督。在"嵌入式"监督中,权力委托主体与被委托权力行使主体在监督过程中包含"嵌入"与"受嵌"两个过程。

综上所述,派驻监督机构"嵌入式"监督,就是由纪委、监委的派驻或派出机关对其监督对象在履职过程中的廉洁问题和风险进行排查、识别、评估,将能够达到反腐倡廉效果的具体防控措施嵌入业务制度和流程当中,并由纪委、监委对机制运行情况进行监督检查、考核评价的管理过程。

(二)"嵌入式"监督的基本特征:基于两种监督模式的分析

在我国,权力委托主体实施的内部监督主要有两种,即巡视巡察监督和

---

⑤ 参见郝慧慧:《基于嵌入性理论的社科类社会组织治理研究——以大连市调查为例》,大连理工大学行政管理学院2017年硕士学位论文,第17~18页。

⑥ 参见陈国权等:《权力制约监督论》,浙江大学出版社2013年版,导论第1页。

⑦ 参见罗峰:《嵌入、整合与政党权威的重塑:对中国执政党、国家和社会关系的考察》,上海人民出版社2009年版,第16页。

派驻监督。其中,派驻监督实质上就是一种“嵌入式”监督,下面就以二者的比较来阐释“嵌入式”监督的特征(见图1)。

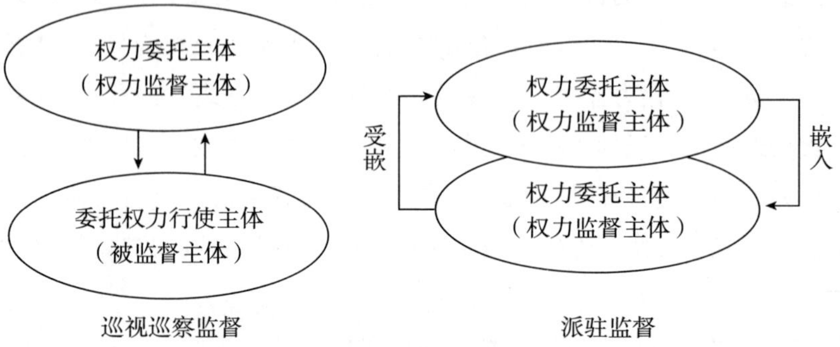

图1　两种监督模式的特征差异

相较而言,“嵌入式”监督与巡视巡察监督虽然都是独立监督主体,但在具体内容上存在较大的差异(见表1),具体表现在以下四个维度:

一是“嵌入式”监督具有强监督关系特征。巡视巡察制度作为党内一种自上而下的组织监督,⑧其通过特定的权力内部监督机构对相关主体等开展巡视巡察,发现问题、查处问题,达到监督的目的,因此其表现为巡视巡察监督权力行使主体与被巡视巡察监督主体之间的弱监督关系。“嵌入式”监督强调监督权利主体直接干预、调控被监督主体的权力运行等整个流程,因而“嵌入式”监督表现为监督权利主体与被监督主体之间的强监督关系。

二是“嵌入式”监督具有“内部性”特征。巡视巡察监督不直接干预和控制被委托权力行使的诸多环节,而是通过特定时间、特定程序对被委托权力行使过程中存在的问题进行监管和督查,更多体现为一种零散型的“外部性”监督;“嵌入式”监督强调监督嵌入被委托权力行使和运行过程、组织业务和流程等所有环节之中,因此,“嵌入式”监督是一种全方位参与式的“内部性”监督,它具有决策活动、执行活动与监督活动三事合一,决策职能、执行职能与监督职能三职合一,决策责任、执行责任与监督责任三责合一的特征。

三是“嵌入式”监督具有过程性特征。巡视巡察监督更多表现为一种事后型监督,即对相关权力行使正当与否的事后检查与督促,属于“补救性”的

⑧　参见孙亮:《巡视巡察联动体制:意涵、逻辑与构建路径》,载《中州学刊》2019年第1期。

干预和控制;"嵌入式"监督则由监督主体直接干预和调控决策、执行等所有环节和流程,从而保障相关权力行使的正当性,可以实现对被委托权力行使的事前、事中和事后的检查和督促,属于"主动性"的干预和控制。

表1 两种监督模式的比较

	巡视巡察监督	嵌入式监督
监督强弱关系	弱	强
监督属性	"外部性"	"内部性"
监督环节	事后+"补救性"	事前、事中、事后+"主动性"
监督效果	弱(临时性、模糊性)	强(精准化、专业化)

四是"嵌入式"监督具有强效果性。如上所述,巡视巡察监督主要通过特定时间、特定程序在一定范围内对相关权力主体某一特定环节、过程进行监视、督促和管理,因而巡视巡察监督在具体监督流程中相对地呈现出监督的临时性和模糊性;"嵌入式"监督由于覆盖权力行使和运行的整个过程,而且通过嵌入关键环节,能够重点识别,实现监督精准发力,实现监督的过程化、精准化和专业化。

(三)"嵌入式"监督的根本遵循:法治化原则

《中华人民共和国监察法》(以下简称《监察法》)第12、13条具体规定了监察委员会派驻或派出监察机构、监察专员的设置以及领导关系及其职责;《中国共产党党内监督条例》总结党的十八大以来派驻纪检机构改革实践经验,把派驻监督纳入党内监督的制度框架,其第28条具体规定了纪委派驻纪检组的职责要求;中共中央办公厅《关于深化中央纪委国家监委派驻机构改革的意见》是派驻或派出机构合法性的根本依据;同时,2019年5月江苏省委出台《关于深化江苏省纪委监委派驻机构改革的实施意见》,同年9月江苏省纪委监委印发《关于深化设区市纪委监委派驻机构改革工作的指导意见》[9],亦都可作为江苏实现派驻或派出机构合法性的政策法律依据。

法治是国家治理的基本方式,推进国家治理现代化内在地要求推进法治

⑨ 参见孙权:《江苏深入推进纪委监委派驻机构改革——分类制定"路线图"明确责任强监督》,载《中国纪检监察报》2019年10月22日,第3版。

现代化,唯有现代化的法治才能匹配现代化的国家治理。[⑩] 国家监察体制改革作为国家治理现代化的重要一极,保证其沿着法治的轨道前行亦是法治的应有之义。因此,作为党和国家监察监督体系有机构成的嵌入式监督制度被纳入法治框架内,也就体现出其必然性与妥当性。嵌入式监督必须坚持法治的基本原则,具体操作就是在开展监督的过程中,必须遵守《监察法》、中共中央办公厅《关于深化中央纪委国家监委派驻机构改革的意见》(以下简称《意见》)及相关党规的规定,这是开展嵌入式监督的规范性的要求;此外,对具体监督方式的探寻也必须在前述国法与党规的框架内进行,不能进行任何扩大性解释,否则违背了法治的基本精神。

具体而言,针对江苏省商务厅省级商务发展专项资金的派驻监察监督,应以《江苏省省级商务发展专项资金管理办法》作为进行监督的基本规则依据,通过实施嵌入式的监督,真正把该办法落到实处,实现"完善商务促进政策,支持外贸稳定增长和转型升级,促进商贸流通业发展"的商务发展专项资金的使用目的,[⑪]同时发挥派驻监督的效力,将全面从严治党相关规定、机制、人员和信息联入到党组织、党员领导干部和公职人员的履职用权行为过程中,实现对其行为的影响和控制,[⑫]防止该领域腐败的发生。只有这样,才能强化财政专项资金使用监督的地位和作用,对财政专项资金的使用权力形成强大的约束力与制衡力,把财政专项资金的编制、执行、决算等运转的全流程置于有效的监督之下,实现财政专项资金使用的法治化,确保财政专项资金使用的安全性与绩效性。

三、构建"嵌入式"监督模式的逻辑

(一)构建"嵌入式"监督模式的实践逻辑

第一,近年来,全国各级商务、财政部门陆续出台了一系列有关商务发展

---

⑩ 参见张文显:《法治与国家治理现代化》,载《中国法学》2014年第4期。

⑪ 参见南京市商务局:《关于转发江苏省财政厅 江苏省商务厅关于印发〈江苏省省级商务发展专项资金管理办法〉的通知》(宁商财〔2014〕707号),载南京市商务局网,http://swj.nanjing.gov.cn/njsswj/201412/t20141230_1325831.htm。

⑫ 参见汪保安:《纪委监委监督的嵌入性研究》,载《中共天津市委党校学报》2019年第2期。

专项资金管理方面的举措,成效显著。但在商务发展资金使用过程中仍然出现违规违纪现象。就全国范围来讲,相继发生一些典型案例,促使商务系统加强商务资金项目廉政风险防控工作,例如,青海省商务厅原党组成员、省贸促会原会长王某某被开除党籍开除公职;吉林省商务厅原党组书记、厅长丛某某涉嫌贪污罪、受贿罪被依法提起公诉;吉林省商务厅原副巡视员姜某某涉嫌贪污罪、行贿罪被依法提起公诉;等等。这些案件亦为进一步加强商务部门的派驻监察工作敲响了警钟。

习近平总书记曾多次强调,反腐倡廉必须常抓不懈,拒腐防变必须警钟长鸣,这就要求管党治党必须抓早抓小,防微杜渐。就江苏来讲,商务资金使用过程中也存在一些违纪违规行为,例如,少数项目审核不严,不符合申报条件要求仍获得资金补助;个别企业虚报申报材料获得补助资金;部分项目实施不符合预期,后续监管不到位;部分资金使用的预算调整程序不够规范;部分市县绩效评价工作不到位,评价流于形式;等等。需进一步完善商务发展专项资金的分配机制,优化项目申报组织方式,改进项目材料审核审批工作,强化商务发展专项资金管理监督手段。因此,迫切需要进一步实施嵌入式监督方式,促使商务发展专项资金管理机制日臻完善。

第二,江苏作为商贸大省,每年出台各项扶助政策措施以扶持激励商贸发展,仅 2016 年度,江苏省财政预算安排商务发展专项资金达 17.4 亿元,⑬因此如何合理分配、规范管理、有效使用商贸发展专项资金,是商务厅的核心权力和关键职责,而对商务发展专项资金的监督以及对省商务厅决定支配权的监察则是派驻省商务厅监察组的主要工作所在。

但长期以来,派驻监督与业务管理“两张皮”问题一直是党政机关和国有企业权力监督运行的难点。⑭ 如何对核心业务、权力运行实施精准化、近距离、全过程监督,使派驻监督更精准、“探头”更管用则一直是派驻机构精准高效履职的困惑所在。在这一课题的探索中,驻省商务厅纪检监察组积极探索对发展资金分配、管理、使用过程的事前酝酿、事中讨论、事后执行实施“嵌入式”监

⑬ 参见《省级商务发展专项资金公开情况》,载江苏省商务厅网,http://swt.jiangsu.gov.cn/art/2016/11/22/art_12679_4457033.html。

⑭ 参见晨曦:《监督、业务“两张皮”怎么破?——江苏省国资委:“嵌入式”监督让权力运行更规范》,载《中国纪检监察》2018 年第 20 期。

督,监督驻在部门对廉洁问题和风险进行排查、识别、评估,将能够达到反腐倡廉效果的具体防控措施嵌入业务制度和流程当中,并由派驻监督机构对机制运行情况进行监督检查、考核评价,形成教育、防控、惩治、问责一体化工作机制,推动商贸系统落实落细主体责任。

第三,国法与党规中对派驻机构的规定,是从法律与党规两个层面将监督机制法治化、规范化。从具体的实践层面来说,这种监督机制本质上就是一种"嵌入式"的监督,即由纪委、监委的派驻或派出机关对其监督对象在履职过程中的廉洁问题和风险进行排查、识别、评估,将能够达到反腐倡廉效果的具体防控措施嵌入业务制度和流程当中,并由纪委、监委对机制运行情况进行监督检查、考核评价的管理过程。但由于《监察法》与相关的党规对派驻或者派出机构制度只作了原则性的规定,给纪委、监委的派驻制度留下了较大的制度空间,该制度仍需要进一步探索完善。

(二)构建"嵌入式"监督模式的理论逻辑

(1)深化党和国家监督机构改革,健全党和国家监督体系的积极探索

健全党和国家监督体系是新形势下对党的建设的新要求,是事关全局的重大政治体制改革,是推进国家治理体系和治理能力现代化的重大举措,[15]也是习近平新时代中国特色社会主义思想的重要组成部分。党的十九大报告提出健全党和国家监督体系,其目的在于强调党对监督工作和反腐败斗争的集中统一领导,并将党内监督和国家监督统一起来,以增强监督合力,改善监督效果。[16] 党内监督和国家监督相互贯通、融为一体,形成党和国家监督体系,是由中国共产党长期执政的国情特点决定的,是在总结历史上监督工作和反腐败斗争经验教训的基础上提出的。"嵌入式"监督作为党和国家监督机构改革的重要组成,其在推动全面从严治党向纵深发展,打通党内监督"最后一公里"[17]的层面上意义深远。

---

⑮ 参见陈光中、邵俊:《我国监察体制改革若干问题思考》,载《中国法学》2017年第4期。

⑯ 参见习近平:《决胜全面建成小康社会,夺取新时代中国特色社会主义伟大胜利——在中国共产党第十九次全国代表大会上的报告》,载新华网,http://cpc.people.com.cn/19th/n1/2017/1027/c414395-29613458.html?from=groupmessage&isappinstalled=0。

⑰ 孙亮:《巡视巡察联动体制:意涵、逻辑与构建路径》,载《中州学刊》2019年第1期。

(2)解决监督机构改革中遇到的实际问题的重要途径

派驻监督是党和国家监督体系的重要组成部分,也是深入推进党风廉政建设和反腐败斗争的创新性制度安排。[18] 本质地看,派驻监督就是"嵌入式"监督。党的十八大以来,以习近平同志为核心的党中央对纪检监察派驻监督工作高度重视,习近平总书记对派驻监督的地位作用、职能定位、工作机制、保障条件以及派驻监督机构自身建设等作出一系列重要论述,为深化派驻监督机构改革、强化派驻监督提供了根本遵循。党的十九大对健全党和国家监督体系作出战略部署,提出构建党统一指挥、全面覆盖、权威高效的监督体系的目标任务。应该说,党的十八大以来,以"统一管理""全覆盖"为方向的派驻监督机构改革取得了较大的成效,派驻机构与驻在部门的关系已经发生巨大变化,不再是领导关系,也不存在业务指导关系,而是监督与被监督的关系。[19] 这表明"嵌入式"监督既克服了巡视巡查监督弱效果性、被动性的不足,又有效避免了事实上演变为同体监督而功能弱化的不足。

(3)坚持全面从严治党,保持党的先进性、纯洁性的有益经验

习近平总书记说:"公权力姓公,也必须为公。只要公权力存在,就必须有制约和监督。不关进笼了,公权力就会被滥用。"[20]权力具有两面性,既可以造福人民,也可能损害人民。从历史上看,正是由于权力的这种特性,导致了"国家兴衰周期率""其兴也勃焉,其亡也忽焉"。因此,中国共产党作为一个长期执政的党,面临最大的风险和挑战是如何加强对权力的自我监督,防止权力的滥用,以破解这一历史难题,跳出这一历史周期率。[21] 这就要求我们党必须探索出一条在长期执政的条件下实现自我净化的有效路径。实现自我净化有多种方式,其不二法门便是加强对权力的监督。作为党长期执政下探索的重要监督形式,"嵌入式"监督发挥着重要的作用。新时代,加强"嵌入式"监督的理论和实践研究对于坚持全面从严治党,增强党在长期执政条件下自我净化、自我完善、自我革命、自我提高能力,保持和发展党的先进性和纯洁性具有重大

---

⑱ 参见郑智超、赵绪生:《新中国成立70年来派驻监督的历程、经验与启示》,载《理论导刊》2019年第11期。

⑲ 参见蒋来用:《有关派驻监督的几点探讨》,载《理论探索》2018年第5期。

⑳ 习近平:《在新的起点上深化国家监察体制改革》,载《求是》2019年第5期。

㉑ 参见习近平:《推进党的建设新的伟大工程要一以贯之》,载《求是》2019年第19期。

意义。

四、构建“嵌入式”商务发展资金监督模式的路径

(一)关系嵌入:坚持党委与派驻监督机构同向发力

《意见》明确指出:推动驻在部门担负起全面从严治党政治责任,建立定期会商、重要情报通报、线索联合排查、联合监督执纪等机制,为党组(党委)主体作用发挥提供有效载体,形成通向发力、协作互动的工作格局。《意见》为实现派驻监督机构嵌入式监督确立了应坚持的原则与工作方向,派驻监督机构应紧紧围绕监督这个第一职责,加强对驻在部门党组织的监督。

另外,需明确商务厅党组(党委)的主体责任与派驻监督机构的一体监督责任。驻在部门党组(党委)负有全面从严治党主体责任,派驻纪检监察组负有全面从严治党监督责任,两者在落实“两个责任”方面,既要明晰边界、权责分明,又要形成相互支持、分工负责、彼此合作的关系,这是新时代全面从严治党永远在路上的必然要求,也是派驻监督进一步增强权威、提升效能的关键所在。㉒

“嵌入式”监督作为一种强监督关系,意味着派驻监督机构全方面参与驻在机构的各项工作,因此,一方面,必须明确商务厅党组(党委)主持本单位(部门)日常全局工作,必须尊重商务厅党组(党委)的主体地位;另一方面,派驻监督机构作为党和国家纪委监委的派出机构,必须明确其是党的政治机构,派驻监督是政治监督,这是必须要把握好的一个定位问题。㉓ 同时,也必须明确派驻机构的责任使命在于维护党的政治纪律、作风纪律与国家法律的尊严和权威,因此也必须坚持其监督过程中的重要地位。通过一体化监督责任机制的建立健全,为“嵌入式”监督打下良好的组织基础。驻在部门的党组(党委)与派驻监督机构应互相配合,建立起紧密协商的工作机制。应按照中央的统一

㉒ 参见郑智超、赵绪生:《新中国成立70年来派驻监督的历程、经验与启示》,载《理论导刊》2019年第11期。

㉓ 参见常瑞:《派驻监督的理论与实践》,载《中共山西省委党校学报》2019年第6期。

部署,建立双方的定期会商、重要情报通报、线索联合排查、联合监督执纪等机制,形成同向发力、协作互动的工作格局,提高派驻监督全覆盖的质量,使派驻监督"探头"在深化改革中越拭越亮,在全面从严治党中的作用日益彰显,㉔把制度优势真正转化为治理效能,实现全面深化改革、全面依法治国和全面从严治党的有机统一。

(二)制度嵌入:找准关键点嵌入制度的制定落实中

保证商务发展专项资金合法、合理、有效使用是省商务厅的法定职责,制定商务发展专项资金项目具体业务管理方面的规定则是实现该职责的重要途径。为有效展开监督,派出机构人员要嵌入到商务厅制定"商务发展专项资金的具体业务管理规定"等制度中去,主要做到:(1)建立内控程序风险点的提醒清单制度,监督商务发展专项资金使用过程中风险点的查找;(2)参与评估商务发展专项资金使用的风险等级,制定监督的具体措施;(3)参与所在单位内部的重点监督检查内容规范的制定,强化检查与责任追究等;(4)参与驻在单位重要的制度性规范的起草、研讨与制定,熟悉掌握所在单位的全部制度规范。

(三)功能嵌入:聚焦资金使用风险点嵌入具体业务流程

从腐败发生的一般规律看,在商务发展专项资金管理流程中,每一个节点都意味着风险点,因此,在派驻监督中就不能仅停留在党风廉政建设监督和纪律作风检查等显性、常规工作上。必须清醒地认识到,不同的单位部门具有不同的权力运行和廉政风险特点,因此,派驻监督也应该有不同的监督重点和方式,围绕驻在单位的权力运行、业务活动开展。㉕ 为实现真正的"嵌入",派驻监督机构人员必须嵌入所在单位的具体工作流程中,嵌入所在单位的办公 OA 系统中(整个商务发展专项资金的管理及执法流程如下:使用方向—支持方式—分配方式—项目申报—审核和下达程序—绩效评价—监督职责—依法行政),实现对商务发展专项资金使用的同步监督。

按照前述具体工作流程,派驻监督机构的嵌入具体工作流程的具体方法为:

㉔ 参见喻红秋:《改革拭亮派驻监督的"探头"》,载《中国纪检监察》2018 年第 24 期。

㉕ 参见杨国章:《派驻监督要着重突出政治监督》,载《中国纪检监察报》2017 年 5 月 31 日,第 8 版。

1. 对商务发展专项资金的使用方向的监督

把握商务发展专项资金的使用方向是实现建立商务发展专项资金目的重要前提,因此派驻监督机构在实施对专项资金的监督时必须牢牢牵住这个"牛鼻子",以水探源,通过对商务发展专项资金的主要使用方向进行监督,达到从根上抓起、从根上防治违纪腐败问题产生的效果。具体而言,以商务厅党组(党委)为一级工作主体,派驻监督机构为监督实施主体,双方互相配合,建立起紧密协商的工作机制,工作主要围绕以下三个方面展开:

第一,对使用方向种类的监督。《江苏省省级商务发展专项资金管理办法》(以下简称《管理办法》)第8条规定的使用方向有6类,㉖但是实际来看,前五项属于稳定性方向类属,而最后一项则为兜底性方向类属,所以监督着力点应当有所侧重,对于稳定性方向类属内的,应该着重监督其申报方向与实际运用的效果;而对于兜底性方向类属内的,则进行重点监督,确保其流程规范、方向合理、运用见效。

第二,对使用方向目的的监督。《管理办法》第8条规定的使用目的有五类,因此派驻监督机构也应该在此节点进行监督,确保专项资金使用目的真正合法合规,达到规则预设的使用效果。

第三,对使用方向创制的监督。《管理办法》第8条第6项作为兜底性规定,是为了使政府在实施具体行政行为的过程中,基于客观实际情况,通过主观合理判断而作出是否行使行政权力和怎样行使权力的决策,㉗派驻监督机构应对商务发展专项资金审批管理机构有无自行违规创制新的使用方向进行监

㉖ 《江苏省省级商务发展专项资金管理办法》(苏财规〔2014〕37号)第8条规定:"专项资金主要用于以下方向:(一)促进外经贸稳定增长。支持开拓国际市场,应对贸易摩擦,稳定和拓展外需,促进外经贸发展和协调增长。(二)促进外经贸转型升级。积极推进转变外经贸发展方式,优化贸易结构,发展服务贸易,支持承接国际服务外包,鼓励跨国公司在我省设立地区总部和功能性机构,培育以技术、品牌、质量和服务等为核心的国际竞争新优势。(三)鼓励境外投资与经济合作。引导有序开展境外投资、对外承包工程、对外劳务合作、境外经济贸易合作区建设等对外投资合作业务。(四)推进现代流通体系建设。推动市场公共服务与监管体系,电子商务、农产品直供社区、城市共同配送等流通体系,消费品牌、商贸服务等体系建设,促进商贸流通健康发展。(五)支持营造良好商务环境。推进商务公共服务平台建设,支持贸易便利化、重点商务改革,引导特色园区建设,促进优化商务发展环境。(六)省政府确定的其他商务发展事项。"

㉗ 参见周丽婷:《论行政自由裁量权的滥用及其程序性控制》,载《武汉大学学报》2012年第1期。

督,以“法无授权即禁止”的理念对审批管理机构合法用权、自行守法行为进行监督。

2. 对商务发展专项资金支持方式的监督

《管理办法》第9条规定,商务发展专项资金支持方式分为无偿补助和有偿使用两种方式。商务厅作为江苏省商务发展专项资金的主管机关,负有决定商务发展专项资金支持方式的职责,但是从《管理办法》第9条来看,两种使用方式的类属均采取不完全列举的体例,故而留下了较大的自由裁量权。其作为一种权力,如不加制约与监督则势必存在滥用的可能,㉘因此这也是派驻监督机构进行有效工作、防止廉政风险发生的关键节点所在。具体而言,应在党组(党委)与派驻监督机构一体监督的具体制度架构的基础上实施分类监督,建立健全监督过程实时汇报交流机制,实现监督的合法、合规、合理,主要侧重对无偿补助方式的监督,主要从以下两个方面入手:

第一,严查越权违法支持方式。对于有关责任人员以权谋私、擅自扩大支持权限、接受利益输送的行为进行严查,将监察体现在全过程、全方位,将违法违规操作扼杀在摇篮中。

第二,严查人情支持、虚假支持、共谋支持等支持方式。对新支持方式的提出以及论证结果应主动及时报备派驻监督机构,派驻监督机构对论证及其结果的合理性、合规性、可行性、公正性、公开性等进行认真审核。

3. 对商务发展专项资金分配方式的监督

《管理办法》第10条规定了商务发展专项资金的使用方式:项目法和因素法相结合。但对于最终以何种方式分配的决定权则在省商务厅,正如孟德斯鸠所言:“一切有权力的人都容易滥用权力,这是万古不易的一条经验。”近些年来,各地查处的一系列腐败案件都表明:腐败是权力过分集中造成的,这是腐败的总病根。㉙ 因此,审批环节亦应在党组(党委)与派驻监督机构一体监督的具体制度架构基础上开展分组监督、分级监督,从而实现风险监督的前置化与溯源化。具体而言,应从以下两个层面出发:

㉘ 参见于丽平、移丽霞:《探究行政自由裁量权》,载《行政法学研究》2007年第2期。

㉙ 参见崔丽:《权力过分集中是腐败的总病根儿》,载《中国青年报》2013年3月11日,T3版。

第一,以监督权权交易、纵容特定关系人以权谋私为重点。派驻监督机构作为党的纪律监督检查机构,对分配方式加强监督审查,以整治权权交易、纵容特定关系人以权谋私为发力点确保每一项目都合法合理,每一种分配方式都纯洁干净,每一个分配环节都正当合理。

第二,对于分配方式的选择路径与原因,派驻监督机构应当对其进行合规性、纯洁性审查,确保自由裁量真正自由而有效,分配方式真正是因事而分、因实而分,而非其他因素。

4. 对商务发展专项资金项目申报的监督

按照《管理办法》第15条的规定,项目申报的企业、单位的资格条件是较为宽泛的,从规定上看,只要符合基本条件,企业、单位均可申报,省商务厅审批机构有最终的决定权。故对于申报主体是否真正有资格申报、是否真正有此需求的审批,商务厅审批机构亦有很宽泛的自由裁量范畴。而规范行政自由裁量权,既是建设"透明政府""法治政府"和"服务型政府"的重要内容,也对于防控廉政风险、促进社会主义民主法制建设具有重要作用。[30] 因此,在该环节亦应当实现监督力量的配置,通过建立派驻监督机构实际入驻审批部门,实现全程监督下的审批,将审批过程全部置于党纪国法的视野内,从而打造一种难以腐、不敢腐、不能腐的反腐风险机制,具体而言主要着力于以下环节:

第一,对于申报项目审批随意性进行监督。省商务厅作为江苏省主管商务发展的最高专门机关,应当秉持用权合法、秉公审批、注重实际、严防腐败的原则进行项目申报工作审批,而这一环节也应被纳入派驻机关的日常工作中去,通过监督与沟通,使项目审批工作纯洁有序高效运行。

第二,对于项目可行性分析节点可能存在的不良行为进行监督。派驻机关应对于项目申报的材料,尤其是专家评审、可行性分析材料等进行严格抽查,对审批答复的合理性、合法性进行排查,构建科学全面、层层把关的立体监督模式。

5. 对商务发展专项资金审核和下达程序的监督

对商务发展专项资金的审核和下达是整个商务基金管理的重心和难点所

---

[30] 参见姜国文:《规范行政自由裁量权有关问题探析》,载《中国纪检监察报》2012年8月18日,第3版。

在,尽管《管理办法》第16条对此作了规定,但该规定只是笼统的程序性规定,并不能实现对审查权的有效规制,极易发生廉政风险。因此,派驻机关对此环节实施全方位监督应当以派驻监督机构为主要核心,狠抓审核下达这个关键环节,聚焦这个主要风险点,对每一批、每一类型的资金审核下达都进行实时监督,并及时与驻在部门的党组(党委)、上级纪委监察委汇报工作进展,对发现的突出问题及时进行双方会商,研究解决方案,并在有关制度建构中不断吸收完善,使问题在根源上得到遏制与解决。具体而言,应做到以下几个环节的监督:

第一,商务发展专项资金使用的预算编制环节的同步监督机制。通过对财政专项资金预算编制开展全过程同步监督,严格审核把关,形成对财政专项资金分配的权力制衡,把违规问题消灭在萌芽状态,确保预算编制更加科学合理高效。

第二,重点部门和重大专项实施的监督。通过参与重大项目支出预算的可行性分析、项目评审、管理办法的制定、绩效评价等工作,切实提高预算编审专业化程度,从根本上提高预算编制质量。

第三,重点监督商务厅是否在互联网等公共媒介上对拟给予专项资金支持的企业、单位以及项目名称、支持方式向社会进行公示;重点监督依照国家保密法律法规不宜公开的项目;重点监督省商务厅是否严格依据程序规定及时下达项目资金。

6. 对商务发展专项资金绩效评价的监督

《管理办法》第19条规定,建立专项资金绩效评价制度。但是该规定只是一种宏观性、概括性的规定,并未就如何实施以及实施所要达到何种标准进行规定,所以这亦是一个易存在廉政风险的节点。所谓(财政)绩效评价,即"达到预定目标的过程,包括资源转化为公共物品和服务的效率、服务的质量及与期望相比较的结果、特定目标达成的有效性等"㉛。在这一过程中,应当在坚持绩效评价上级部门主管、派驻监督机构协同参与评价的基础上对其中存在的风险予以参与性管控,主要应在以下环节发力:

第一,建立决算管理环节的跟踪实效和成果利用的监督机制。参与部门

㉛ 郑方辉等:《财政绩效评价:理念、体系与实践》,载《中国社会科学》2017年第4期。

决算会审会议,加大监督检查力度,解决决算失真现象,充分发挥决算对加强预算管理的促进作用。

第二,注重建立跟踪实效和成果利用的监督机制。将监督落实到整个过程,不仅实现事前监督,而且在事后亦进行连续监督,同时对具体经办人与申报人、评价人之间是否存在事先或事后的不正当关系也进行监督。

7. 对商务厅自身有关商务发展专项资金使用监督职责监督的再监督

《管理办法》第 21、22、23 条规定了江苏省商务厅对专项资金使用的监督具体职责,这些都属于商务系统内部的自身监督,而为了避免自身监督的空洞化,派驻监督机构应加强对内部监督职责的监督,让监督者积极行使监督权力,保证商务专项资金的正确使用。具体而言,应当探索建立动态跟单制度,由上级纪检监察机关对下级党委、纪检监察机关"两个责任"落实情况实施跟踪式的再监督,协助党委将落实主体责任重点任务以清单形式下达给下级党委,同时配套给下级派驻机构下达履行监督责任重点任务清单,定期开展抽查,最终对照任务清单,进行考核验收。对完成度低于一定比例的,由上级纪检监察机关约谈下级党委、纪检监察机关主要负责人,严重的进行问责追究。[32]同时,通过建立"责任清单、问题清单、问责清单"三项清单制度,抓住关键节点实施再监督。

具体而言主要应当着力于以下几个方面的再监督:

第一,对资金使用预算调整程序是否规范的内部监督之再监督。

第二,对资金安排类别繁杂、碎片化运行的内部监督之再监督。

第三,对资金使用效率、资金分配是否实现部门互相制约与监督之再监督。

第四,对资金使用是否存在虚假申报、重复申报使用的内部监督之再监督。

第五,对资金使用的绩效评估是否流于形式、资金拨付使用环节烦琐、资金拨付滞后的内部监督之再监督。

第六,对资金使用是否符合预期、后续监管是否到位的内部监督之再监督。

第七,通过让监督着积极行事监督权力,保证商务专项资金的正确使用。建立在财政专项资金的预算执行环节的动态监督机制。

---

[32] 参见刘春晓、葛祥:《基层纪检监察机关要以落实两个责任为统领——做好再监督再检查这篇文章》,载《中国纪检监察报》2015 年 11 月 17 日,第 8 版。

（四）认识嵌入：定位薄弱点与关键人群嵌入廉政反腐认识

《中国共产党党内监督条例》第28条规定：纪委派驻纪检组对派出机关负责，加强对被监督单位领导班子及其成员、其他领导干部的监督，发现问题应当及时向派出机关和被监督单位党组织报告，认真负责调查处置，对需要问责的提出建议。《监察法》第13条规定：派驻或者派出的监察机构、监察专员根据授权，按照管理权限依法对公职人员进行监督，提出监察建议，依法对公职人员进行调查、处置。从党的十八大以来的实践经验看，派驻机构聚焦日常监督职责，通过开展监督检查、执纪问责、调查处置等，加强对被监督单位“关键少数”的日常监督，从而维护好被监督单位的政治生态。[33] 根据前述法律与党规的精神，具体到商务厅，除了对该部门主要领导干部的监督外，重点要监督该部门关键岗位的人员。对前述人员依法履职、秉公用权、廉洁从政、道德操守情况进行监督。监督的重点为是否廉洁从政，防止在财政资金使用方面有腐败现象的发生。

习近平总书记强调：“派驻机构要发挥‘派’的权威和‘驻’的优势，履行党章赋予的职责。”派驻监督机构之所以能发挥“前哨”和“探头”作用，对腐败行为起到预警监督作用，正是因为其具有“派”的权威和“驻”的优势。[34] 派驻或者派出的监察机构、监察专员与纪委派驻监督机构的职责相匹配，要充分发挥“派”的权威与“驻”的优势，聚焦监督、调查、处置，使驻在单位的党风廉政建设和反腐败工作得到切实加强，为全面从严治党提供有力支撑。为实现嵌入式的监督目标，目前尚需要加强以下几个方面的建设：

第一，派驻人员的业务能力提升。纪检监察机关的派驻人员除政治素质过硬之外，业务也要熟练、全面、过硬，[35]要熟悉所在单位的工作流程、业务知识，不做“门外汉”，只有这样，才能更好地进行针对性的嵌入式监督。

第二，完善嵌入式监督与被监督单位工作程序相衔接的机制，防止被监督单位的任何对监督的排斥行为发生。

---

[33] 参见周磊、陈洪治：《新时代派驻监督体制改革：内容、成效与展望》，载《河南社会科学》2019年第6期。

[34] 参见崔会敏：《监察体制改革背景下提高派驻机构监督有效性的思考》，载《社会科学战线》2019年第9期。

[35] 参见蒋来用：《有关派驻监督的几点探讨》，载《理论探索》2018年第5期。

第三,加强制度建设。加强对财政专项资金使用的监督工作配套制度体系建设,为真实嵌入业务流程的财政专项资金使用监督机制有效运行提供制度保障。

五、结语

习近平总书记指出:“要深刻把握党风廉政建设规律,一体推进不敢腐、不能腐、不想腐。一体推进不敢腐、不能腐、不想腐,不仅是反腐败斗争的基本方针,也是新时代全面从严治党的重要方略。”派驻监督模式在党和国家监察监督体系中占有重要地位,因此应不断推进派驻监督机构改革,将“派”的权威强大释放、“驻”的优势持续显现,㊱不断提升派驻监督的效力,不断更新派驻监督的水平,将“嵌入式”监督融入省商务厅商务发展资金使用的全过程,充分发挥派驻监督的“前哨”和“探头”作用,使驻在机构的权力行使完全在阳光下进行。这不仅是促进江苏更好落实国家监察体制改革部署与派驻机构改革安排的有力举措,更是为推动国家治理体系、治理能力现代化贡献“江苏经验”。马克思主义政党、社会主义国家的改革与实践从来都奉行“由理论到实践,再由实践到认识”,不断升华总结进而推广践行的科学改革与发展观念,我们相信,江苏省纪委监委对省商务厅的派驻以嵌入的方式进行的有益探索必将在推动全面从严治党不断迈向纵深、党和国家监督体系不断深入完善中起到示范性作用。

㊱ 参见郑智超、赵绪生:《新中国成立70年来派驻监督的历程、经验与启示》,载《理论导刊》2019年第11期。

The Supervision Model of “Embedded” Special Financial Funds Use: Theory and Practice

—Take the Use of Commercial Development Funds of the J Provincial Department of Commerce as an Example

Wu Fei

Abstract: Compared with patrol supervision whichis implemented by independent entities, “embedded” supervision has characteristics of a stronger supervisory relationship, internality, process and strong effect. Through the four dimensions of relationship embedding, system embedding, function embedding, and thought embedding, the stationed supervision realizes the full-scale and full-process supervision of the exercise of power, providing active and effective practical exploration for realizing the precise force, process of supervision and the specialization of supervision.

Key words: Embedded; Supervision; Dispatch; Special Funds; Corruption

《西南法律评论》(第5卷·总第34卷)
第22～44页

社会信用地方先行立法研究

——基于12部社会信用地方性法规的分析

刘宇飞*

摘 要:我国社会信用立法一般采取“地方先行试点”模式。在国家相关立法正式启动前,已有不少地方先行先试,制定了社会信用地方性法规。这种情况下对当前部分社会信用地方性法规进行梳理与总结,检视其问题与不足,提出构建完善社会信用地方先行立法的应然路径,不仅对完善信用地方立法、实现社会信用规范化、法治化意义重大,而且也为我国下一步出台统一的社会信用立法提供了有益的经验积累。

关键词:社会信用;地方先行立法;地方性法规

引言

近年来,多地相继出台社会信用地方性法规,进一步丰富和推动了社会信用地方先行立法的实践。然而,与此起彼伏的地方信用立法对应的是相对沉寂的国家立法,尽

* 中国政法大学法学院宪法与行政法学2021级博士研究生。

管社会信用国家立法已列入全国人大常委会立法规划,但并不在其优先考虑的范围之内。一些相关中央立法研究虽然正在全面展开,[①]然要待其瓜熟蒂落仍须耗费一番时日。基于此,本文以12部社会信用地方性法规为样本,试图对我国当前社会信用地方先行立法的现状进行分析,并尝试提出相应的完善措施,希冀能为国家信用立法提供一定的参考。

一、我国社会信用地方先行立法的缘起

(一)社会信用建设亟待立法加强

目前,我国社会信用体系建设正全面推进,但社会信用缺乏状况尚未得到根本扭转,而突破这一难点的关键点便在于社会信用法律制度的建立健全。一方面,从理论维度来看,完善的社会信用立法不仅是社会信用体系建设的法治保障,同时也是实现国家治理现代化的重要内容;从现实维度来看,社会信用的缺失不仅严重阻碍市场经济的发展,也不利于社会主义核心价值观的贯彻。此种情形下,通过立法来规制失信现象、提升社会信用水平刻不容缓。另一方面,社会信用体系建设也存在一些异化现象:如社会信用信息归集、失信惩戒措施存在扩大趋势,且公权力介入私权领域的界限不明等。故将社会信用体系建设纳入法制轨道,推进社会信用立法工作是必要之举。

(二)社会信用国家立法的困难

毋庸置疑,社会信用立法意义重大。早在2002年,中央政府便着手启动信用立法工作,[②]但历经10余年,专门国家立法仅有《征信业管理条例》和《企业信息公示暂行条例》两部行政法规。[③] 2013年与2018年全国人大常委会均将社会信用立法纳入立法规划,但都属第三类项目,立法条件不成熟,须

---

① 《中华人民共和国社会信用法》《公共信用信息管理条例》《统一社会信用代码管理办法》立法研究正在进行。

② 参见韩家平:《关于加快社会信用立法的思考与建议》,载《征信》2019年第5期。

③ 《征信业管理条例》和《企业信息公示暂行条例》尽管属于行政法规,但并非综合性、统一性的全国信用立法,规制范围有限。

继续论证。[4] 那么社会信用国家立法还欠缺哪些立法条件呢?私以为,主要包括如下方面:(1)统一的理论共识。自2014年社会信用体系建设规划纲要出台以来,各地纷纷制定信用地方性法规、地方政府规章,信用条款也列入《中华人民共和国公务员法》《中华人民共和国个人所得税法实施条例》等国家法律之中,社会信用法律制度得以长足发展。然而,一些关键问题仍有待深入研究。例如,社会信用、失信惩戒等基础概念的内涵,失信和违法、不文明行为的区别何在,公共信用信息的归集范围,失信惩戒适用的具体标准等。(2)相对健全的配套法律制度。社会信用立法需要建立一个以社会信用基本法为核心、以其他配套法律法规为支撑的完整法律体系。这也是立法机关为何要在《中华人民共和国外商投资法》《中华人民共和国个人所得税法》《中华人民共和国公务员法》等法律法规中纳入信用条款的原因,即通过在各领域专门法律法规中嵌入有关信用条款,为今后社会信用基本法的集成做准备。社会信用的内涵颇广泛,其配套法律制度也难以列举穷尽,但大致应包括信用信息归集、信用信息应用、信用信息安全、信用主体权益保障、社会信用环境建设等数类。(3)相对成熟的立法技术。有学者指出,社会信用立法兼涉公私两域,立法难度较大,须谨慎而行。[5] 社会信用立法既须保障信用主体的私权利,又须对其失信行为作出规制;既须授予公权机关必要的信用监管权力,又须对其权力进行限制。简言之,立法机关进行信用立法时,必须实现公权行使与私益保障之间的平衡,二者不可偏废,这无疑是对其立法技术的极大考验。

(三)地方先行立法权的赋予

针对上述困难,我国《中华人民共和国立法法》(以下简称《立法法》)提供了有效进路,即在国家立法缺位时赋予地方立法机关以先行立法权。

我国《立法法》对地方先行立法作出了明确规定,依其第73条第2款的规定,除《立法法》第8条规定的中央专属立法事项外,省、自治区、直辖市和设区的市、自治州在国家尚未制定法律或者行政法规的领域内,可以根据当

---

④ 参见《十三届全国人大常委会立法规划(共116件)》,载《中国人大》2018年第18期;《十二届全国人大常委会立法规划》,载《中国人大》2013年第21期。

⑤ 参见罗培新:《善治须用良法:社会信用立法论略》,载《法学》2016年第12期。

地实际情况,先制定地方性法规。此外,《立法法》第 82 条第 5 款规定,地方性法规缺位时,因行政管理迫切需要,省级、设区的市及自治州人民政府可以先制定地方政府规章。

关于地方先行立法的主体是否包括省级、设区的市及自治州人民政府,地方先行立法的形式是否又仅限于地方性法规,学界一直存有争议。因其并非本文讨论的核心问题,不作过多探讨。但可以达成共识的是,地方先行立法在适应社会新形势、补充完善现行法制、为重大改革保驾护航的进程中发挥着重要作用。而针对非法律保留的全国性立法事项,在国家立法缺位时先行制定地方性法规属于地方先行立法权的行使。故本文只以社会信用地方性法规为实证分析对象,并未涉及社会信用地方政府规章。而研究社会信用地方先行性法规,总结其有益经验与有待改进之处,相信可以为国家信用立法提供一定的参考作用。

二、我国社会信用立法地方先行现状

本文以"信用"为关键词,筛选出已获审议通过的社会信用专门地方性法规共 12 部(详见表 2)。⑥

表 2　12 部已出台的社会信用地方先行法规(截至 2019 年 12 月 31 日)

立法名称	立法层级
《陕西省公共信用信息条例》	省级地方性法规
《河南省社会信用条例》	省级地方性法规
《辽宁省公共信用信息管理条例》	省级地方性法规
《湖北省社会信用信息管理条例》	省级地方性法规

⑥　本文使用"北大法宝"数据库以"信用"为关键词进行检索,在"地方性法规"中获得 14 条结果,经筛选后得到现行有效地方性法规 11 部。又在南京市人大官网检索到《南京市社会信用条例》已获通过,共计 12 部。截至 2019 年 12 月 31 日。

续表

立法名称	立法层级
《上海市社会信用条例》	省级地方性法规
《河北省社会信用信息条例》	省级地方性法规
《浙江省公共信用信息管理条例》	省级地方性法规
《宿迁市社会信用条例》	设区的市地方性法规
《厦门经济特区社会信用条例》	经济特区法规
《无锡市公共信用信息条例》	设区的市地方性法规
《南京市社会信用条例》	设区的市地方性法规
《泰州市公共信用信息条例》	设区的市地方性法规

(一)社会信用地方先行立法的特点

1.立法时间较集中

除陕西省在2011年出台我国第一部社会信用地方性法规之外,其他省市的信用地方立法主要集中于2014年之后。究其原因,主要有以下两点:第一,国务院2014年发布了《社会信用体系建设规划纲要(2014—2020年)》,这是我国第一个关于完整的社会信用体系建设的顶层设计文件,标志着我国社会信用体系建设工作进入全面推进阶段。[7] 该纲要明确要求"建立健全信用法律法规和标准体系""完善信用法律法规体系,推进信用立法工作",并提出到2020年基本建立社会信用基础性法律法规和标准体系。此种情形下,地方信用立法的积极性得以激发。第二,2015年《立法法》修改后,地方立法主体扩容,所有设区的市均可制定地方性法规,这无疑进一步为信用地方先行立法奠定了法律基础。在积极行使立法权的过程中,不少地方立法主体纷纷选择社会信用这一事项进行立法,2017年更是有4省(市)接连出台相关法规,如图2所示,故有学者将2017年视为我国信用立法元年,[8]尽管这一说法并不准确,但信用地方立法迅速增加的趋势却不容置疑。

---

⑦ 参见张英杰等:《中国社会信用体系建设与改革40年》,载信用中国(兰州)网2019年5月29日,http://credit.lanzhou.gov.cn/69/30397.html。

⑧ 参见王宁江:《地方信用立法的思考》,载《浙江经济》2017年第17期。

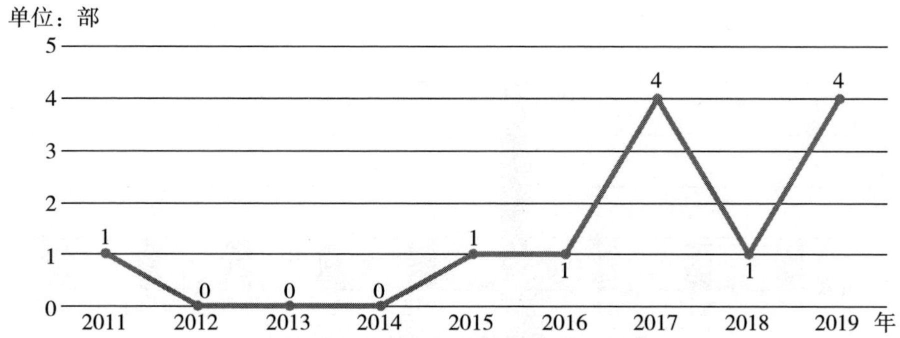

图 2　社会信用地方性法规制定时间分布

2. 地域分布较广泛

由图 2 可知,12 部已获通过的信用地方性法规涉及全国 9 省(市)。这意味着截至 2019 年,全国已有近 1/3 的行政区域制定了本地信用立法。其中,江苏省虽尚未出台省级地方性法规,但已有南京、无锡、泰州及宿迁 4 个设区的市制定了地方性法规,数量居于全国前列。而更多地方正在紧锣密鼓地进行社会信用立法工作,⑨如果将这些地方也计算在内,目前,全国已有 2/3 以上的地方出台或正在研究出台社会信用地方先行立法,故从数量及地域分布来看,社会信用地方先行立法已蔚为可观。

此外,社会信用地方先行立法具有明显的地域不平衡性。如图 3 所示,12 部已获审议通过的信用地方性法规中,绝大部分是由我国东部地区的省市制定,仅有 3 部来自中部地区(湖北、陕西、河南),而西部地区社会信用地方性法规数量为零。这与各地发展水平相关,社会信用立法作为上层建筑受到经济基础制约,而我国各地经济发展及社会信用建设具有不均衡性,这便导致各地信用立法进度不同。一方面,东部地区市场经济较发达,社会信用建设与地方立法水平较高,为信用地方立法的出台提供了可行性;另一方面,与中西部地区相比,东部地区活跃的市场经济也导致其信用缺失问题尤为突出,故该区域的信用立法更具紧迫性与必要性。

---

⑨ 《甘肃省公共信用信息条例(草案)》《广东省社会信用条例(草案送审稿)》《贵州省社会信用条例(草案)》《山东省社会信用条例(草案)》《哈尔滨市社会信用条例(草案)》《福州市社会信用条例(草案)》均已提交审议,海南省、北京市的信用立法也正在研究中。

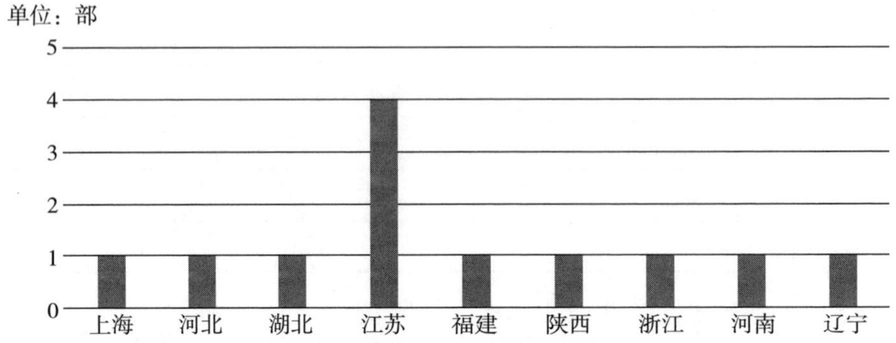

图3　社会信用地方性法规地域分布

3. 立法形式不尽相同

一般来说,立法形式有两大类:单独立法与综合性立法。所谓单独立法,又称专项立法,是指为特定单一目的或一主要政策领域而制定的单一法律;而综合性立法,是指结合数个立法目的或整合数个政策领域,一并处置而指定为一个法律。⑩ 12部信用地方性法规中,有7部采取了单独立法的形式,单一的规制社会信用信息或公共信用信息,其法规名称中都有“社会信用信息”或“公共信用信息”的限定用语。而其余5部则为综合性信用地方立法,直接以“社会信用条例”为名,⑪涵盖范围广泛,除了社会信用信息,还有专章规制信用服务行业及社会信用环境。(见图4)

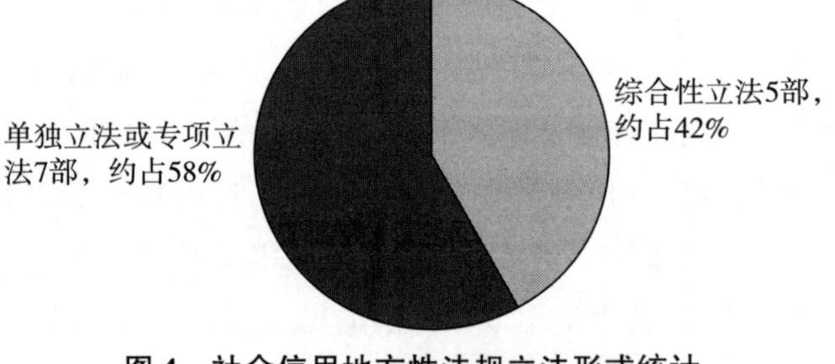

图4　社会信用地方性法规立法形式统计

⑩　参见陈铭祥:《法政策学》,台北,元照出版有限公司2011年版,第148页。

⑪　《上海市社会信用条例》是我国首部综合性信用地方性法规,其直接以“社会信用条例”冠名。对此,上海市人大法制工作委员会《关于〈上海市社会信用条例(草案)〉(修改稿)修改情况的报告》指出,“社会信用体系”包含不易用法律方式调整的道德因素,而“社会信用信息”这一概念难以包容信用激励与约束、信用服务行业规范与发展等内容,且上海信用立法没有采纳体系化的立法方式,在法规名称中保留“社会信用”的提法,符合实际情况。

（二）社会信用地方先行立法的重点内容

1. 公共信用信息归集

社会信用信息分为公共信用信息和市场信用信息，当前制定的信用地方性法规均以公共信用信息为重点规制内容，对于公共信用信息的归集，普遍实行目录管理。依据公共信用信息内容的不同，各地信用立法纷纷对其进行类型化规定，虽分类方式各异，但大致有以下 3 种：（1）两分法。以陕西、泰州、无锡 3 地为代表，其中，泰州和无锡的信用地方性法规均将公共信用信息分为基本信息和信用信息，[12]陕西省则划分为基本信息与提示信息。[13] 此种分类方式较粗略，未能明晰信用信息对信用主体的影响。（2）三分法。该方式在二分法的基础上进一步细化，以信用信息对信用主体的影响为依据将公共信用信息分为基础信息、正面信息与负面信息。所谓基础信息，是用来识别信用主体身份的，与其信用状况存在一定联系，[14]如自然人的姓名、法人登记注册信息等；负面信息又可称为不良信息、失信信息，即信用主体不履行法定或约定义务的信息，[15]如不履行法院裁判、行政处罚信息等。守信信息是反映守法与履约状况的信息，[16]如受表彰奖励以及参加社会公益、志愿服务等。（3）四分法。还有地方未对公共信用信息作出明确划分，而是以列举的方式来界定其范围，但从其列举的信息来看，仍可将公共信用信息分为基础信息、正面信息、负面信息与其他信息 4 种，[17]前 3 种信息种类与三分法无异，只是多了一种"其他信息"。所谓其他信息，是指既不属于基础信息，也不对信用主体信用状况造成正面或负面影响的中性信息，此类信息对信用主体的影响法律不作评价，而有待信用主体自行评价，[18]各地往往兜底性地规定为其他依法应纳入目录管理的信息。

---

⑫ 参见《泰州市公共信用信息条例》第 8 条、《无锡市公共信用信息条例》第 12 条。

⑬ 《陕西省公共信用信息条例》第 15 条并未对"提示信息"给出明确定义，而是以列举的方式意图厘定其范围，包括正面、负面和其他信息。

⑭ 参见罗培新：《社会信用法：原理 · 规制 · 案例》，北京大学出版社 2018 年版，第 72 页。

⑮ 同上书，第 75 页。

⑯ 参见罗培新：《社会信用法：原理 · 规制 · 案例》，北京大学出版社 2018 年版，第 74 页。

⑰ 参见《河南省社会信用条例》第 12 条、《厦门经济特区社会信用条例》第 8 条、《河北省社会信用信息条例》第 12 条、《湖北省社会信用信息管理条例》第 10 条。

⑱ 参见罗培新：《社会信用法：原理 · 规制 · 案例》，北京大学出版社 2018 年版，第 79 页。

2. 公共信用信息应用

从社会信用地方性法规来看,公共信用信息应用主要包括信用信息的披露以及联合奖惩机制。

公共信用信息披露,是指信用信息管理部门将其归集的有关信用主体的公共信用信息以法定方式对外显示。信用地方性法规对公共信用信息披露方式的规定基本一致,包括依职权主动披露与依申请被动披露两种。依职权主动披露又包括:(1)公开公示。公共信用信息以公开为原则,不公开为例外,属于依法公开的,应当通过政府公报、网络媒体、信用信息服务平台等方式发布。(2)政务共享。此类信用信息供国家机关及法律、法规授权的组织在依法履职过程中共享使用。依申请被动披露,则主要是指信用信息查询,又包括信用主体自己查询与他人查询。信用主体有权查询自身社会信用信息,对于自然人的信用信息由于涉及个人信息及隐私权保护,故原则上只能依申请查询,自然人查询本人信息的须进行实名认证,法人和非法人组织查询本单位信息的须出具书面证明,他人查询自然人、法人和非法人组织非公开社会信用信息的,应当经书面授权。

联合奖惩为信用信息应用环节最重要的内容,信用地方性法规无一例外都有专门规定。综观 12 部信用地方性法规,往往通过两类法律规范来规定信用联合奖惩机制:一是原则性的法律规范,即宣示性的规定要建立由公权机关及市场主体、行业组织等参与的跨部门、跨领域、跨地区的联合奖惩机制,编制奖惩措施清单,以促进信用信息合理使用。[19] 二是具体的、可操作性较强的法律规范。其对信用奖惩的条件、范围、程序、领域、措施种类等进行较细致的规定,以便有关部门实际执行。总体来看,信用地方性法规对守信激励着墨不多,只是列举了对守信主体可以采取哪些激励措施。更多的是关于失信惩戒的规定,除了一般性地规定对失信主体所采取的惩戒措施外,还强调建立严重失信主体名单,对该类主体采取限制程度更重的惩戒措施。[20] 此外,信用地方性法规规定的奖惩措施虽多,但依其实施主体的性质大致可

---

⑲ 类似规定参见《上海市社会信用条例》第 21 条、《河北省社会信用信息条例》第 28 条、《湖北省社会信用信息管理条例》第 26 条、《河南省社会信用条例》第 26 条等。

⑳ 类似规定参见《上海市社会信用条例》第 25、31 条,《湖北省社会信用信息管理条例》第 29、30 条,《河南省社会信用条例》第 33、34 条,《宿迁市社会信用条例》第 27、31 条等。

划分为3类:以行政性奖惩为主,市场性奖惩和行业性奖惩为补充。

3. 信用主体权益保障

信用主体权益保障是信用地方性法规的重要内容,包括实体和程序两方面。实体保障主要包括:(1)商业秘密及个人隐私权:信用相关单位及工作人员不得泄露涉密信用信息,并规定了绝对禁止归集和相对禁止归集的自然人信息;(2)知情权:信用主体有权知晓自身信用信息的采集、使用等以及本人信用报告的信息来源和变动理由;(3)个人信息受保护的权利:即归集的信用信息不得被篡改、虚构、删除,不得非法获取、窃取、出售个人信用信息等;(4)自主选择权:即信用服务机构等市场信用信息提供单位不得在提供其他服务时强迫或者变相强迫信用主体进行个人信用信息采集。[21] 程序保障则要求信用信息的归集、披露、应用程序必须合法,此外还须保障信用主体的救济权利,主要包括:(1)信用信息异议权:信用主体认为信用信息管理部门记载的信息有误、遗漏或者侵犯其合法权益的,有权向信用信息管理部门提出异议申请。信用信息管理部门收到异议申请的,先对该异议信息进行标注,属于信用信息管理部门自身原因造成信息有误的,由其自行处理,如果归责于信用信息提供单位的,则应转交信用信息提供单位处理。(2)信息消除权:从各地规定来看,信用主体可以请求删除相关信用信息的情形主要有以下3种:①信用主体要求删除正面信息;[22]②失信信息查询、披露期限届满,不再披露或提供查询;[23]③据以认定失信的具体行政行为被撤销的,信用信息服务中心应当删除该信息。[24] (3)信用修复权:失信人纠正错误,主动履行义务,弥补损失的,可以向信用信息提供单位申请信用修复,经审查符合条件的,信用信息提供单位作出信用修复决定,并通知公共信用工作机构删除失信信息。

---

[21] 类似规定参见《上海市社会信用条例》第34条、《湖北省社会信用信息管理条例》第34条、《辽宁省公共信用信息管理条例》第35条等。

[22] 参见《湖北省社会信用信息管理条例》第37条、《河北省社会信用信息条例》第47条、《宿迁市社会信用条例》第45条、《厦门经济特区社会信用条例》第35条等。

[23] 参见《上海市社会信用条例》第35条、《河北省社会信用信息条例》第26条、《浙江省公共信用信息管理条例》第16条、《厦门经济特区社会信用条例》第36条等。

[24] 参见《上海市社会信用条例》第37条、《宿迁市社会信用条例》第43条、《河南省社会信用条例》第42条。

三、我国社会信用地方先行立法的问题检视

(一)价值取向及基础概念尚未达成共识

目前,我国信用地方先行立法从数量上看蔚为可观,但这并不意味着其在基本概念及价值取向上已经达成统一共识。首先,社会信用地方先行性法规的立法价值取向不清。究竟是要利用社会信用这一新型工具来弥补既有法律约束之不足,以达到强化社会治理之效果;还是以私权保护为本位,通过信用立法来限制社会信用领域公权力的行使,最终保护私主体权益;抑或是以社会责任为本位,在社会信用立法中追求社会利益平衡,协调信用建设中个体、社会与政府之间的利益。其次,各地信用地方立法在一些基础概念的界定上要么"各自为政",要么不予解释直接适用。诸如"社会信用"应该是社会信用立法中最基础的概念,但很多地方立法中并未释明,只有作为全国首部综合性信用地方性法规[25]的《上海市社会信用条例》将之界定为"信用主体在社会和经济活动中遵守法定义务或者履行约定义务的状态"[26]。之后河南省、宿迁市及南京市等地的条例才加以借鉴,[27]但此种界定是否过于笼统,将社会信用径直等同于"守法+守约"是否合适仍存疑。再如,社会信用法律关系的主体究竟是"信用主体"还是"信用信息主体",具体到作为信用(信息)主体的自然人,是否应该具有完全民事行为能力?[28] 还有信息"披露"与信息查询、信息公开以及信息共享的关系为何?综上,社会信用地方立法的价值取向及基本概念亟须统一,否则,理念上的偏差会对信用法律制度的整体运行造成不利影响。

之所以造成这种现象,主要原因在于社会信用地方先行立法带来的弊

㉕ 参见罗培新:《社会信用法:原理·规制·案例》,北京大学出版社2018年版,第10页。

㉖ 参见《上海市社会信用条例》第2条。

㉗ 参见《河南省社会信用条例》第3条、《宿迁市社会信用条例》第2条、《南京市社会信用条例》第2条。

㉘ 大部分社会信用地方性法规中作为信用信息主体的自然人均限定为"具有完全民事行为能力的",但也有少数地方立法如湖北省、泰州市的信用条例并未限定。

端。作为国家立法的试验田,各地进行先行立法时没有直接的中央立法可以遵循,甚至也没有太多的其他地方立法以资借鉴。虽然是"先行先试",有试错空间,可一旦其立法价值取向有误,不仅会影响自身的立法实效,也会给其他地区起到错误的示范作用,从而阻碍社会信用治理的法治化进程。而基本概念意涵界定不明带来的直接后果,便是影响社会信用适用范围的把握,继而可能导致对其规制路径的设计有失偏颇。

(二)信用奖惩制度有待完善

1. 守信激励与失信惩戒相失衡

信用联合奖惩制度包括守信激励和失信惩戒两大机制,然而现有社会信用地方先行性法规中二者的规范往往呈现不均衡态势,对于失信惩戒的规定较明确具体,而守信激励的相关规定却较笼统。首先,"守信信息"作为对信用主体激励的依据却没有明确的概念解释;其次,什么样的守信行为才能被激励,众多地方信用立法中也没有明确规定,往往原则性地限定于对信用状况良好的信用主体实施激励;最后,实施守信激励的程序规定也有所欠缺,例如,是否需要建立守信"红名单"名单,进入该名单的标准有哪些,是否向社会公开,等等。与此相反,信用地方立法中对失信惩戒的实施条件、适用范围、实施程序、措施种类等事项的规定都较丰富。其原因或许有以下两点:一是近期社会失信现象频发,亟须加以规制;二是失信惩戒机制会对信用主体权益造成不利影响,且惩戒措施大多需要公权机关实施,本着"法无授权不可为"的原则,需要对惩戒的主体、措施、程序等加以详细规定。

2. 失信与违法、不文明行为的界限模糊

社会信用立法本质是将诚实守信这一道德准则的某些内容固化为法律的过程。㉙ "诚信"作为一种价值观,不应只存在于道德观念层面,还应存在于法律规范层面,转化为人们的行为准则,方能具有较强约束力,而社会信用立法便是将诚信价值观法律化的途径之一。㉚ 可见,社会信用立法是将道德诚信转化为法律诚信的活动,但并非所有的道德诚信都可以转化为法律诚

㉙ 参见荆月新:《论社会信用立法》,载《山东师范大学学报(人文社会科学版)》2005 年第 5 期。

㉚ 参见杨福忠:《诚信价值观法律化视野下社会信用立法研究》,载《首都师范大学学报(社会科学版)》2018 年第 5 期。

信,因而作为法律概念的社会信用其范围应当是有限的,至少应小于道德领域中的诚信。而违法行为的范围远远大于法律失信行为,且法律失信行为应当被违法行为所包含,二者并非完全重合,至于不文明行为与法律失信行为基本无涉。但在当前我国社会信用体系建设的大背景下,社会信用范围广泛,涵盖社会诚信、政务诚信、商务诚信以及司法公信四大类,这已经颠覆了人们对于信用含义的传统理解。加之缺乏统一的国家立法来对其进行明确规定,故在地方立法中,社会信用的范围和领域也没有明确的界定,这直接导致其对失信行为的概念、本质、范围欠缺明确的认识,容易把失信行为与违法、不文明行为混同。例如,一些地方将地铁进食、外放音乐等不文明行为,也定性为失信,要纳入个人信用不良记录,[31]还有地方将一些很难与信用挂钩的违法行为如垃圾未分类、出租房屋未及时登记也归为失信,记入个人信用记录,甚至进行失信惩戒。[32] 此种规定将违法行为、不文明行为都归类为失信,显然会造成公共信用记录及失信惩戒措施的泛化。

3. 失信惩戒与行政处罚的关系尚未澄清

失信惩戒措施作为行政管理手段,对信用主体的权益造成了减损,其性质究竟为何?能否将其归类为《行政处罚法》中规定的“其他行政处罚”,学界目前尚无定论。但大致可将学者观点划分为3种:(1)行政处罚说。例如,有学者认为,政府部门或者具有公共管理职能的其他组织将失信行为人纳入“黑名单”,从而连锁地限制其一系列权利的,实质上属于一种行政处罚。[33](2)非行政处罚说。有学者认为,失信惩戒有别于行政处罚,就失信惩戒措施而言失信主体不存在主观过错,其“过错”来自社会对其信用状况的负面评价。[34] 尽管其否认失信惩戒属于行政处罚,却未能具体指明失信惩戒的法律性质。(3)具体分析说。该种学说目前逐渐成为主流观点,其认为失信惩戒措施种类繁多,而行政处罚只是众多失信惩戒方式之一,且占比很小,不能将

---

[31] 参见北京市交通委员会《关于对轨道交通不文明乘车行为记录个人信用不良信息的实施细则》第2条。

[32] 参见《江苏省租赁住房治安管理规定》第24条、《上海市生活垃圾管理条例》第54条。

[33] 参见胡建淼:《“黑名单管理”制度——行政机关实施“黑名单”是一种行政处罚》,载《人民法治》2017年第5期。

[34] 参见崔凯:《社会信用立法:促进与路径》,载《地方立法研究》2019年第2期。

二者完全混淆。[35] 正确的分析路径应依据不同惩戒措施对失信主体权益的限制程度不同,将其类型化后再逐一分析各类失信惩戒措施的法律性质。例如,有学者重点关注行政性失信惩戒,将其划分为加强管理类措施、不予授益类措施、行政“黑名单”措施、限制或减损资格权益类措施,并进一步分析后认为,只有行政“黑名单”措施、限制或减损资格权益类措施方构成行政处罚。[36]

(三)信用主体权益保障机制有待健全

信用地方性法规均将信用主体的权益保障作为重中之重加以详细规定,这是值得肯定的。然而,现有保障机制尚有局限之处,例如,(1)当信用主体被纳入失信名单,并即将采取后续惩戒措施时,是否应被提前告知并允许其申辩?一方面,涉及失信联合惩戒的严重后果;另一方面,现实生活中信用主体被纳入失信“黑名单”往往是行政机关或公共事业组织单方决定,信用主体直到受到惩戒措施影响时才会知道自己被纳入失信名单。即使信用主体可以提出异议,但也要经过复杂程序。所以,从保护信用主体的合法权益角度考虑,应当对其先行告知并允许其申辩,但负有告知义务的主体是做出行政决定的机关还是公共信用信息管理部门,需要进一步探讨。(2)关于异议申请:首先是异议申请的主体范围过于狭小,信用地方先行法规均规定只有信用主体可以提交异议申请,那么,当信用主体无法提交异议或者其信用状况关系到近亲属、利害关系人利益时,信用主体的近亲属、利害关系人却无权申请异议,这无疑是不合理的;其次是异议申请机关并不明确,有的地方立法中规定为省级信用信息中心或信用工作机构,[37]有的笼统规定为信用信息工作主管部门,[38]并未对级别作出限制,还有的规定既可以向公共信用信息服务中心,也可以向信用服务机构提交,[39]亟待统一明确。(3)对异议结果不服的救

---

[35] 参见袁文瀚:《信用监管的行政法解读》,载《行政法学研究》2019 年第 1 期。

[36] 参见王伟:《失信惩戒的类型化规制研究——兼论社会信用法的规则设计》,载《中州学刊》2019 年第 5 期。赞同此种观点的还有张晓莹:《行政处罚视域下的失信惩戒措施》,载《行政法学研究》2019 年第 5 期,其将失信惩戒措施分为限制获得行政奖励、限制政府支持或补贴、加强行政监管、限制参与财政性资金项目、限制高消费、“黑名单”措施、从业限制措施 7 种,并认为只有“黑名单”措施和从业限制措施属于行政处罚。所谓从业限制,本质上也属于限制或减损信用主体资格权益的失信惩戒措施。

[37] 参见《湖北省社会信用信息管理条例》第 35 条。

[38] 参见《河北省社会信用信息条例》第 43 条、《辽宁省公共信用信息管理条例》第 37 条。

[39] 参见《上海市社会信用条例》第 36 条。

济途径也不尽统一,众多信用地方性法规中,有的并未规定对异议结果的再次救济,即使有的条例设计了救济机制,也各不相同。例如,浙江省规定对异议结果不服的向省发展和改革部门申请复核,[40]河北省则规定向人民法院提起行政诉讼。[41] 如此一来便会产生困惑:对异议结果不服的救济途径到底有哪些?可否提起行政复议、行政诉讼?

四、我国社会信用地方先行立法的完善路径

(一)明确社会信用立法的价值取向与基础概念

在社会信用立法过程中,尤其是信用信息的归集和失信惩戒机制的运用问题上,存在政府公权力的行使和信用主体权益保障之间的博弈,应当尤为重视。从现有地方立法来看,社会信用更多体现为一种新型社会治理工具,用以弥补法律规范力有不逮之处,这一点从违法行为及不文明行为被归为失信行为中可见一斑。此时社会信用"治理工具"的价值较为突出,公众谈及信用法律制度时往往也更在意其对失信主体进行"惩戒"的功能,然而,社会信用制度除却惩罚功能外,尚具有震慑功能和引导功能,其根本目的应落脚于社会信用水平的提高。也正因为社会信用法治建设中,公权力行使的限制与信用主体合法权益的保障往往处于被忽略状态,因而有学者建议社会信用立法借鉴"行政三法"的立法模式,将重点立足于限制政府权力之上。此观点固然有其合理性,但却有失偏颇。社会信用法律不同于一般的行政法律,其兼涉公私法的特色尤为突出,且社会信用法律关系涉及政府、社会、个体三方,不可偏废。为此,社会信用立法应坚持社会本位原则,正确处理政府、社会与信用主体之间的关系,合理配置三者的权利(力)、责任及义务,既要避免漠视信用主体权益,也要保障信用监管机关管理、引导、监督作用的发挥,实现公权行使与私权保护之间的平衡。原因在于,信息归集、失信惩戒仅是手段而非目的,最终还是为了实现社会信用水平提升之目的;如果在信用监管方面

---

[40] 参见《浙江省公共信用信息管理条例》第 30 条。

[41] 参见《河北省社会信用信息条例》第 44 条。

公权力不受限制，只会更多地锲入私权领域，[42]严重减损信用主体合法权益。故信用监管必须遵循行政法的一般原理及基本原则，还应服从行政法规制体系，使其在法治框架下实施或运行，以防其游离于法律之外，形成对"良法善治"的损害。[43]

此外，对于社会信用法律制度中的一些基础概念，地方信用立法要么解释各异，要么忽略不见，不利于形成统一的社会信用法律体系，将来必须深入研究，加以具体阐明。例如，"社会信用"解释为信用主体守法与守约的状态有失宽泛，应加以限缩；"信用主体"应为具有完全民事行为能力的自然人、法人和非法人组织；"信息披露"应当作为上位概念，不仅包括信息的公开，还应包括信息查询和信息共享；公共信用信息提供单位除了国家机关、法律法规授权的组织外，还应将规章授权的组织也包括在内……作为创制性的立法，必须厘清相关基础概念，以免在后续的实施中造成不必要的困惑。

（二）完善信用奖惩制度

信用奖惩制度既是信用信息应用的核心，也是社会信用立法的难点。社会信用地方先行立法应重点关注：

1. 重视守信激励机制的规范化设置

守信激励与失信惩戒同为信用奖惩制度的重要组成部分，二者相互促进、相互支撑，不可偏废。在地方实践中，制定守信红名单的做法其实早已有之，但尚未在地方信用立法中上升为具体法律规范，故应以制度化的方式将其固化于信用立法中。首先，可借鉴现有立法中对失信行为的界定方式，对"信用状况良好"以正面列举加兜底性规定的方式进行具体认定；其次，对制定守信红名单的主体、纳入标准、期限、信息披露程序、异议处理机制、监督机制等也须详细规定；最后，应将物质激励与精神激励相结合，积极探索丰富现有的守信激励措施。

2. 澄清失信惩戒措施的法律性质

明确失信惩戒的性质是否属于行政处罚，有必要先对种类繁多的失信惩戒措施进行类型化处理。一般而言，失信惩戒措施可以粗略分为基础性惩戒

---

[42] 参见袁文瀚：《信用监管的行政法解读》，载《行政法学研究》2019年第1期。

[43] 参见罗培新：《善治须用良法：社会信用立法论略》，载《法学》2016年第12期。

措施与非基础性惩戒措施。所谓基础性惩戒措施,即将失信主体纳入失信名单("黑名单"措施),此为其他惩戒措施的前提与基础,只有失信主体被列入"黑名单"并经公布,才会被施加后续性的措施;而非基础性惩戒措施自然是指除行政"黑名单"之外的惩戒措施。但此种分类方式较粗略,难以体现不同失信惩戒措施各自的特点,中共中央办公厅、国务院办公厅在2016年发布的《关于加快推进失信被执行人信用监督、警示和惩戒机制建设的意见》(以下简称《意见》)中关于失信惩戒措施的分类较详尽,[44]故本文对其进行借鉴并进一步整合,将失信惩戒措施分为以下6类(详见表3),最终探讨各类惩戒措施是否属于行政处罚。

表3 失信惩戒措施的分类

类型		具体措施举例
基础类失信惩戒措施	纳入失信名单	一般失信主体名单、严重失信主体名单
非基础类失信惩戒措施	限制资格类	1. 限制相关任职资格(如国企高管、金融高管、事业单位法人代表、人大代表、政协委员、公务员等) 2. 限制进入相关市场、行业 3. 限制特殊市场交易(国有产权、国家资源利用项目) 4. 限制企业资质(房地产、建筑等企业) ……
	加强监管类	1. 列为重点监管对象,增加检查频次 2. 在行政许可等工作中重点审查、不适用简化程序 3. 公共资源交易中,信用减分 4. 书面警示、约谈告诫 5. 列入重点关注名单 6. 限制出境 ……

[44] 该意见将失信联合惩戒措施分为11类:从事特定行业或项目限制、政府支持或补贴限制、任职资格限制、准入资格限制、荣誉和授信限制、特殊市场交易限制、限制高消费及有关消费、协助查询、控制及出境限制、加强日常监管检查、加大刑事惩戒力度、鼓励其他方面限制。

续表

类型		具体措施举例
非基础类失信惩戒措施	限制授益类	1. 限制评奖评优 2. 取消享受公共政策、行政便利 3. 限制融资信贷 4. 限制获取政府补贴、政策支持 ……
	限制高消费	1. 限制乘坐高级交通工具 2. 限制进入高消费场所 3. 限制高消费旅游 4. 限制子女就读高消费学校 ……
	其他限制	行业协会、社会组织、市场主体等施加的惩戒措施

首先，将失信主体纳入行政"黑名单"这一基础性惩戒措施不能构成行政处罚。有学者从行政过程论的角度出发，将行政"黑名单"划分四个过程：拟列入行为、列入行为、公布行为、惩罚行为。[45] 其实前三个行为都可归为公共信用信息处理过程，而信用信息处理之后便是惩戒措施的实施。公共信用信息的处理阶段并不会对失信主体的权益造成实质性的减损，但是行政"黑名单"一旦公布，便会对失信主体的名誉和形象产生不利影响，而且，伴随"黑名单"的公布，往往会有失信联合惩戒措施的出台。尽管如此，行政"黑名单"措施给相对人权利义务造成的不利影响是间接的，何况这种不利影响是针对失信主体的预期利益，如交易机会、政策扶持等，即未直接减损行政相对人的现有权益，而行政处罚是对违法行为人现有权益的直接减损。

其次，加强管理类、限制高消费和不予授益类措施也不构成行政处罚。从概念来看，行政处罚针对的是未构成犯罪的行政违法行为，会对违法行为人的权益造成直接性的实质减损。而且，行政处罚以对行政相对人的惩罚为目的，并非为督促违法行为人履行义务。加强管理类措施，如在行政许可中

㊺ 参见范伟：《行政黑名单制度的法律属性及其控制——基于行政过程论视角的分析》，载《政治与法律》2018 年第 9 期。

对失信主体重点审查、日常监管中加强检查、限制享受便利措施等,并不能影响最终的行政处理结果;不予授益类措施,如限制授予荣誉等,并未直接剥夺失信主体的既有荣誉权;限制高消费也不等于罚款,未减少失信主体的财产,只是限制其不合理使用。综上,这些惩戒措施并未直接减损失信主体的合法权益,且实施这些措施并不是出于惩罚目的,只是为敦促失信行为人履行法定或约定义务,故以上3类惩戒措施并非行政处罚。

最后,限制或减损资格权益类措施应当构成行政处罚,该类惩戒措施实际上已经构成对失信主体的能力罚、资格罚,是对失信主体不利程度最严重的惩戒措施。例如,对失信主体进行从业限制与暂扣、吊销许可证、执照实有异曲同工之效,甚至前者更严厉,因为失信惩戒中的从业限制在某些领域很可能是终身性的。其对失信行为人的资格和权益的限制带有明显的惩罚性,是对失信主体权利与资格的实质性减损,应当被归为行政处罚。而且,修改后的行政处罚法已经将限制从业、限制开展生产经营活动和降低资质等级纳入法定行政处罚种类,由此可见,限制或减损资格权益类失信惩戒措施作为行政处罚的法律性质已较明朗。

3. 比例原则下失信惩戒措施的改进

作为政府信用监管行为的失信惩戒应遵循比例原则,不得对失信主体的权益进行过分的、不正当的限制。而基于比例原则对现行失信惩戒措施的调整主要包括以下3方面:

(1)惩戒目的须具有正当性

失信惩戒措施最突出的是惩罚功能,但惩罚本身不是目的,只是手段。失信惩戒应当以提高社会诚信水平作为其正当目的。[46] 即通过合理限制失信者的权益促使其纠正失信行为,履行法定或约定义务,进而警示社会公众,最终营造公平诚信的社会环境,建立健全社会信用体系。

(2)惩戒手段应具有适当性与必要性

在确认惩戒措施的目的具有正当性之后,下一步要考虑的是,惩戒措施是否具有"适当性",即合目的性,其要求所采取的惩戒措施能够促成提升社会信用水平之目的。从实践来看,现有失信惩戒措施的实施的确卓有成效,

---

[46] 参见沈毅龙:《公共信用立法的合宪性考察与调整》,载《行政法学研究》2019年第1期。

这一点是毋庸置疑的。必要性原则要求在能够达成目的之手段中首先应当选择"相对损害最小的手段",即在多种方案中选择对权利主体权益损害最小、最具有合理性的方案。[47] 从地方信用立法的经验来看,应当依据失信程度将失信主体分为一般失信和严重失信两种类型,即实行灰、黑名单制度。同时,还须对惩戒措施进行分级管理,根据惩戒措施对当事人造成限制的程度,可以将惩戒措施分为警示措施和限制措施两类,分别对纳入灰、黑名单的失信主体采取不同内容、渐进升级的惩戒措施。惩戒措施清单一旦确定,就具有法律效力,执行部门不得随意增加或减少,不得升级或降级采取惩戒措施,不得因不合理的因素采取差别化惩戒措施。

(3)对失信主体权益的限制与保护之法益不得显失均衡

"狭义比例原则"涉及采取之手段对私权主体造成的限制与所欲达成之重大法益之间的价值衡量,要求私权限制程度与受保护的公益不得显失均衡。失信惩戒以加强失信行为的规制、提高社会诚信水平作为其正当目的,此为该项机制所欲实现的重要公共利益。而其采取的部分失信惩戒措施则对失信主体的人格权、平等权等权利有所减损,具有一定的法益侵害性。故应为其设计一个相对明确的标准以供立法者参考。私以为该标准可分为两个方面:首先,对于通过限制公民基本权利所欲保护之公益,必须属于"重大且迫切"之范围,而不能仅是一般性的合法利益,对此须严格审查。其次,针对为保护公益而采取的限制公民基本权利的手段,则应符合"必要且从严限制其使用范围"的要求。即使失信惩戒措施是提高社会信用水平所必要的,但也不能对失信主体造成过度的负担。

(三)健全信用主体权益保障机制

社会信用立法中涉及公权力行使与私权益保障的博弈,而最终要实现二者的平衡,便需要规范公权力的行使,加强对信用主体权益的保障。针对前文提及信用地方立法中关于信用主体权益保障机制存在的问题,笔者认为:

1.信用主体被纳入失信名单,实施惩戒措施之前应享有知情及申辩的权利,而履行告知义务的主体应当是作出决定的行政机关而非信用信息管理部门。至于以何种方式送达,私以为可以借鉴2017年《最高人民法院关于公布

---

[47] 参见刘权:《论必要性原则的客观化》,载《中国法学》2016年第5期。

失信被执行人名单信息的若干规定》第 5 条的规定,[48]制作决定书送达失信主体,决定书中应当载明法律依据、事实及理由、纳入期限、相关证据材料等,同时还应载明救济方式及期限等。但考虑到行政效率及成本问题,也可以推广电子送达、网络公告等方式,而且并非实施所有的惩戒措施都需严格履行提前告知义务,这需要根据惩戒措施的严重程度来辨析。如对于限制授益、加强监管类的惩戒措施,因并未实质影响失信主体权益,故无须告知,但对于纳入失信名单、限制高消费、限制资格类措施便有必要提前告知。此外,还可借鉴厦门市建立的"重点关注名单"制度,即信用主体尚未达到联合惩戒认定标准的,可将其列入重点关注名单,并对其发出警示。并合理设置重点关注名单的有效期,如果有效期内信用主体未再发生失信行为,期满即可退出,否则便对其实施后续惩戒措施。[49]

2. 关于公共信用信息异议机制,首先,应扩大异议申请主体的范围,由信用主体到涵盖信用主体及其近亲属、利害关系人在内。其次,异议申请事由应全面合理,有的地方立法规定信用信息的归集、采集、保存、提供等环节有问题的,[50]信用主体都可提出异议,但实际在信息归集、采集、保存等环节,信用主体很难知情,而只有到了对外披露环节才可能被发现。故应当明确信用主体可进行异议申请的信息为信用信息管理机构"披露"的信用信息。最后,各地地方立法规定的异议理由范围或大或小,应予明确,尽可能全面涵盖所有情形,为此可将这些理由划分为准确性、完整性、违法性 3 类,进行详细梳理。此外,应统一异议申请处理机关,既允许向信用信息管理机构、也允许向信用信息提供单位和信用服务机构申请,更好地保证异议处理的效率与准确性。

3. 当事人对公共信用信息管理机构异议处理结果不服的,应允许其提起行政复议或行政诉讼。目前,地方信用立法中规定的公共信用信息管理机构多为发改委下属或省市政府确定的专门工作机构,如公共信用信息服务中心等,这些机构均不能认定为行政主体,只能属于发改委或政府其他部门的内

---

[48] 参见 2017 年《最高人民法院关于公布失信被执行人名单信息的若干规定》第 5 条。

[49] 参见《厦门经济特区社会信用条例》第 26 条。

[50] 参见《上海市社会信用条例》第 36 条、《厦门经济特区社会信用条例》第 33 条等。

设机构。当信用主体对其异议处理结果不服时,可向原机关申请复核一次,如果对复核结果仍不满意的,可选择提起行政复议或行政诉讼,而此时的复议被申请人、被告应是发改委或其他政府部门,而非公共信用信息管理机构。

五、结语

在社会信用法治化的进程中,由于各地存在发展不平衡性,立法条件成熟后实行全国统一立法是科学立法的要求。我国社会信用立法采取了“地方先行先试”的模式,有利于积累立法经验。然而,由于各地立法水平参差不齐,可能会导致各地信用先行立法标准不一,立法质量存在差异。为此,有必要总结地方信用立法的有益经验,同时发现其存在问题,在此基础上改进地方立法,从而为全国统一立法创造良好条件。当然,对于社会信用立法,还要注意提高立法质量,不能一味地贪多求快,由于经济与商业活动的复杂性,该领域还存在许多理论和实践问题有待深入发掘,还须做进一步精细化研究。学界应积极作出回应,合理平衡信用监管中公权行使与私权保护,实现社会利益最大化,为统一社会信用立法实现依法立法、科学立法做出应有的贡献。

Research on the Local Prior Legislation of Social Credit

—Analysis Based on Twelve Local Regulations on Social Credit

Liu Yufei

Abstract: China's social credit legislation generally adopts the “Local prior pilot projects” model. Prior to the official launch of relevant national legislation, many localities have already made trials and formulated local laws and regulations on social credit. In this case, this paper sorts out and summarizes some of the current local laws and regulations on social credit, examines their problems and deficiencies, and proposes a path to build and improve local legislation on social credit, which not only makes a deference to the improvement of local legislation on credit, and the realization of the standardization and legalization of social credit, but also provides a useful accumulation of experience for the next step of China's promulgation of unified social credit legislation.

Key words: Social Credit; Local Prior Legislation; Local Regulation

民商法专论

《西南法律评论》(第5卷·总第34卷)
第47~68页

利益平衡视域下股东出资义务加速到期的价值定位

钱　程*　董雨婷**

摘　要:非破产状态下能否适用股东出资义务加速到期这一问题,其实质在于股东利益与债权人利益间的利益博弈与价值选择。理论界及实践界对此问题呈现肯定说、否定说、折中说的多样化观点。最高人民法院《全国法院民商事审判工作会议纪要》(以下简称《九民纪要》)明确了不支持加速到期的原则。一味地以债权人保护为由随意剥夺股东法定的期限利益,实则是二维视角下的简单理解,存在一定的逻辑悖论和论证漏洞,难以达到利益间的真正平衡。相比之下,从我国《公司法》整体制度设计与立法目的考虑,"否定说"观点更应得到支持。这同样也是认缴制改革的本质要求。否定股东出资义务的加速到期,绝非对债权人利益的漠视,而是在股东与债权人利益总体平衡的前提下,实现资本自由市场良性发展的最佳选择。

关键词:加速到期;股东出资;认缴制;利益平衡

---

*　西南政法大学民商法学院2017级本科生。
**　西南政法大学经济法学院2017级本科生。

一、问题的提出

2013 年《中华人民共和国公司法》(以下简称《公司法》)的修订,无疑在资本市场及公司法学界中掀起了轩然大波。如果说 2005 年《公司法》走出了资本实缴制向认缴制发展的第一步尝试,那么 2013 年《公司法》对最低注册资本限额的取消,首次缴纳比例和缴纳期限限制的解除以及验资程序的废除,则彻底地将我国公司资本体制转变为了完全认缴制。公司注册资本一经注册确定,便不得再被随意增减,就某种意义上而言,公司资本更大程度上被视为是公司财产的象征,代表着公司对外承担财产责任的能力。特别是在完全认缴制背景下,股东拥有认而不缴的权利,资本所负担的意义更是如此。即便注册资本尚未缴齐,但其背后所固定下来的,是每一股东的出资义务。作为公司承担责任的基本保障,注册资本是债权人信赖利益的基础,也是维护市场交易安全的重要根基。原有的最低注册资本限额制度与首次出资、缴纳期限等限制便是出于这一考量而长久存在于我国《公司法》体系中。现行完全认缴制的转变,事实上并非摒弃了债权人利益的保护,而是在此基础上,加入了对股东利益的考量。实缴制下对股东出资作出的多种限制而形成的静态资本,事实上并不能完全真实地反映公司的偿债能力与信用,反而加重了股东出资负担,不利于市场投资活动与生产经营的开展。[①] 因此,在法定资本制即可固定股东出资义务的同时,认缴制减轻了股东即时的出资义务,减少了闲置资金,对于市场活力的激发意义重大,多数学者亦对此变动表示肯定。[②]

然而,在全新的公司资本制度下,新的问题亦开始浮现。原本实缴制对出资义务及责任的悉心规制在认缴制下似乎可以通过对出资请求权的"巧妙"处分而被轻易规避和架空,[③]在公司破产及解散的情形下,《中华人民共

---

① 参见赵旭东:《商法学》(第 3 版),高等教育出版社 2015 年版,第 115 页。

② 参见蒋大兴:《质疑法定资本制的改革》,载《中国法学》2015 年第 6 期。

③ 参见丁勇:《认缴制后公司法资本规则的革新》,载《法学研究》2018 年第 2 期。

和国企业破产法》(以下简称《企业破产法》)第35条④和最高人民法院《关于适用〈中华人民共和国公司法〉若干问题的规定(二)》[以下简称《公司法解释(二)》]第22条⑤均肯定了股东出资义务加速到期的做法,但当股东出资尚未届期时,公司的债权人是否有权请求股东在其未出资额范围内对公司的债务承担赔偿责任,这一问题在法律法规中尚未得到明确。仅有的最高人民法院《关于适用〈中华人民共和国公司法〉若干问题的规定(三)》[以下简称《公司法解释(三)》]第13条第2款⑥亦只是模糊地将被请求主体定义为"未履行或者未全面履行出资义务的股东",是否将出资未届期的公司股东排除在外无从知晓。上述立法给司法实践造成了极大的困扰,时至今日,司法界和学界仍无法形成较为统一的观点。大量同案不同判的现象,加剧了这一问题的严重性,也使其成为当下公司法领域亟待解决的重大课题。

二、价值选择的困难

非破产情形下的股东出资义务加速到期作为资本认缴制下产生的新问题,其本质便是公司股东利益与债权人利益间的博弈与抗衡。一方面,股东的出资义务,要求股东以自己的出资额为限对公司债务承担责任,充分保护债权人利益。另一方面,认缴制所设定的认而不缴机制,又充分赋予了股东灵活出资的权利。当公司无法清偿债务而股东出资又尚未届期之时,究竟优先考虑哪一方的权益,这直接关系到市场深化改革的价值导向与基本方针。理论界与实务界对此问题依然争议不断。

(一)理论考察

支持股东出资义务加速到期的学者认为,应对现有的《公司法解释

---

④ 《企业破产法》第35条规定:人民法院受理破产申请后,债务人的出资人尚未完全履行出资义务的,管理人应当要求该出资人缴纳所认缴的出资,而不受出资期限的限制。

⑤ 《公司法解释(二)》第22条规定:公司解散时,股东尚未缴纳的出资均应作为清算财产。股东尚未缴纳的出资,包括到期应缴未缴的出资,以及依照公司法第二十六条和第八十条的规定分期缴纳尚未届满缴纳期限的出资。

⑥ 《公司法解释(三)》第13条第2款规定:公司债权人请求未履行或者未全面履行出资义务的股东在未出资本息范围内对公司债务不能清偿的部分承担补充赔偿责任的,人民法院应予支持。

(三)》第 13 条作出扩张解释,也即"未履行或者未全面履行出资义务的股东"亦包括出资尚未届期而未缴齐的股东。[⑦] 主要有以下 5 方面原因:第一,合同法视角下股东出资义务的约定仅产生内部效力,并不能约束第三人,股东不得以出资义务尚未届期的事由对抗债权人。[⑧] 第二,公司法视角下,《公司法》第 3 条所规定的"股东以其认缴的出资额为限对公司承担责任"实质上明确了股东出资义务加速到期的权利来源,即股东无论出资是否届期,都是以认缴的出资额为范围承担责任。第三,加速到期有利于高效、及时地保护债权人,不至于迫使债权人采取破产申请的方式消耗司法资源,降低债权人的救济成本,维护交易安全。[⑨] 第四,既然在破产程序中未届期股东出资额可被追缴为破产财产,且在非破产解散及公司法人人格否认的情形下,非破产加速到期也已得到承认,则将此种追缴延伸至破产程序之外便无实质性法律障碍。[⑩] 第五,公司的根本设立目的在于长久持续发展,若在公司不足以清偿对外债务时,股东不愿提前履行出资义务,其主观意愿便不想让公司存续,此时支持加速到期,符合股东的出资目的。[⑪]

另有部分学者坚定地认为股东出资义务不应加速到期。其原因在于:第一,加速股东出资义务到期缺乏法律规定。[⑫] 修改的《公司法》规定,公司股东有自主约定出资事项的权利,突破这一权利剥夺股东的期限利益,须有法律明确的除外规定。第二,应严格《公司法解释(三)》第 13 条的适用前提。股东在出资期限尚未届满前未出资属于合法状态,债权人无权要求其就公司债务承担赔偿责任。第三,所谓"公司不能清偿到期债务"在司法的事实判断

---

⑦ 参见梁上上:《未出资股东对公司债权人的补充赔偿责任》,载《中外法学》2015 年第 3 期;李建伟:《认缴制下股东出资责任加速到期研究》,载《人民司法 · 应用》2015 年第 9 期。

⑧ 参见李志刚:《公司资本制度的三维视角及其法律意义——注册资本之的修改与股东的出资责任》,载《法律适用》2014 年第 4 期。

⑨ 参见赵旭东:《资本制度变革下的资本法律责任——公司法修改的理性解读》,载《法学研究》2014 年第 5 期。

⑩ 参见赵旭东:《资本制度变革下的资本法律责任——公司法修改的理性解读》,载《法学研究》2014 年第 5 期;蒋大兴:《质疑法定资本制的改革》,载《中国法学》2015 年第 6 期。

⑪ 参见石冠彬:《论认缴登记制下股东的出资自由与限制——一个解释论视角的透视》,载《西南民族大学学报》2016 年第 4 期。

⑫ 参见林晓镍、韩天岚、何伟:《公司资本制度改革下股东出资义务的司法认定》,载《法律适用》2014 年第 12 期。

过程中存在障碍，只有经过强制执行方可确认公司是否具有清偿能力。第四，股东认缴资本及出资期限已于公司章程中公示，债权人应就此自行承担一定的商业风险。⑬

还有学者提出了"折中说"，但影响力远不如前两者。其认为，在公司面临经营危机、生存极为困难、濒临破产⑭的情况下，以及当债权人为非自愿形成⑮或者具有合理的商事期待情形⑯时，可以允许债务人公司股东出资义务加速到期。这类观点的本质是对"否定说"的修正。原则上，股东出资义务不得加速到期。但一方面，为使债权人在债务人公司接近破产的情况下，更及时地受到保护；另一方面，出于非自愿债权人无注意公司章程义务的考量，故允许这两类情形的加速到期。然而，这一观点本质上依然没有解决实践中经营困难认定标准模糊的问题，甚至在某种程度上，架空了破产加速到期制度，违背了债权平等的基本原则。而所谓"债权人的商事合理期待"，以合同信赖利益为依据，在以契约明确约定其资金给付期限的情形下，要求股东出资义务加速到期以满足债权人的合理预期，实则仍然是"纸上谈兵"，脱离了市场交易的真实性。约定给付期限应为市场交易常态，以此为例外的前提本身便不可取，因而亦饱受诟病而不为大多数学者所接纳。⑰

（二）实践现状

2015年，时任最高人民法院（以下简称最高法）民二庭杨临萍庭长在最高法民商事审判会议上明确表示单个的债权追及诉讼不尽符合《企业破产法》第31、32条的精神。债权人应当申请债务人破产，进入破产程序后再按照《企业破产法》第35条使股东出资义务加速到期，最终在真正意义上保护全体债权人利益。⑱ 然而最高法倾向于"否定说"的处理并未解决股东出资

---

⑬ 参见李霖：《非破产情形下有限公司股东出资义务不应加速到期——江苏泰州高新区法院判决吴红兵诉冠星公司等委托合同纠纷案》，载《人民法院报》2016年12月22日，第2版。

⑭ 参见李建伟：《认缴制下股东出资责任加速到期研究》，载《人民司法·应用》2015年第9期。

⑮ 参见岳卫峰：《公司非自愿债权人的法律保护》，载《法律适用》2012年第6期。

⑯ 参见赵树文：《股东出资加速到期司法适用问题研究——以"上海香通国际贸易有限公司诉上海昊跃投资管理有限公司等"一案为研究样本》，载《法律适用（司法案例）》第22期。

⑰ 同上。

⑱ 参见杨临萍：《最高人民法院关于当前商事审判工作中的若干具体问题》，载《人民司法》2016年第4期。

加速到期的乱象,在司法实践中,各地法院的意见仍然存在较明显的差异。大量"同案不同判"的现象造成了一定的司法混乱,使得股东期限利益及债权人利益长期处于一种不稳定的状态,极不利于营商环境的优化与提升。笔者以2015年杨临萍庭长的表态时间为节点,选取了在这之后各地的15起典型案例,分别提取并总结归纳了判决的内在逻辑与裁判理由,结果如表4、表5所示。

表4　不可加速到期的案例

裁判结果	案号	裁判理由
不可加速到期	(2016)粤07民终2929号、(2016)甘民终18号、(2019)粤03民终7086号、(2016)苏01民终8727号、(2016)川01民终9848号、(2016)苏01民终8708号、(2017)川0112民初4482号	1.股东出资认缴系现行《公司法》的明文规定,股东依法获得分期缴纳出资的期限利益应予保护,不应以诉讼方式随意突破 2.《公司法解释(三)》第13条第2款中的"未履行或者未全面履行出资义务"仅包括公司章程约定的出资期限到期情形下的未履行或未全面履行 3.若允许个案中股东出资责任加速到期,会损害其他公司债权人利益 4.债权人无证据证明被告公司"不能清偿债务",其债务能否清偿应在执行程序中确定,不宜在诉讼中直接判定 5.股东认缴出资金额及认缴出资期限等信息都可通过企业信用信息系统查询,债权人对此应当知晓且应当预料到交易风险

表5　可加速到期的案例

裁判结果	案件类型	案号	裁判理由
可加速到期	恶意延长出资期限	(2016)苏01民终9403号、(2016)京03民终9248号、(2017)浙0102执异1号、(2017)苏1182民初1331号	1.股东延长认缴出资期限系为了逃避债务、规避法律责任,属于恶意 2.认缴制下公司股东的出资义务只是暂缓履行,而不是永久免除,在公司经营发生重大变化时,债权人应有权要求股东缴纳出资,用于清偿公司债务 3.出资期限是股东内部的约定,应仅对公司股东产生约束力,不应对股东以外的第三人产生约束

续表

裁判结果	案件类型	案号	裁判理由
可加速到期	经营发生重大变化,偿债能力快速降低	(2016)鲁14民终2475号、(2015)潍执复字第55号、(2016)冀1082民初137号	4. 公司应以其全部财产对外承担债务,全部财产不仅应理解为包括公司现有的实际财产,也当然包括认缴制下股东承诺在将来的出资 5. 公司的出资额记载于公司章程,具有对外性和公开性,交易相对人出于信赖与公司交易,公司就应当以其注册资本对外承担责任
	股东违反了首期出资义务	(2016)苏01民终7556号	

许多法院的裁判立场与最高法一致,[19]在刘某甲诉晶国(北京)投资有限公司、刘某乙合同纠纷一案[20]中,法院强调,股东出资认缴制系现行公司法的明文规定,在无证据显示股东存在欺诈或者其他恶意损害债权人利益的情形下,直接要求股东放弃期限利益对公司债务承担赔偿责任,并不符合认缴制度的设立初衷。且股东认缴的金额、实缴期限等都可通过企业信用信息系统查询,作为一种公示信息,债权人对此应当知晓,对于交易过程中的风险也可以并且应当预见。此外,原告亦无证据证明晶国公司"不能清偿债务",且对于能否清偿债务的事实的认定应通过执行等相关程序来解决,而不宜在诉讼过程中直接判定。类似的观点在杨某诉王某某、四川岷山公司等合同纠纷一案[21]及中山苏旺木业有限公司诉马某某、高某某等买卖合同纠纷一案[22]中均有体现。

持"肯定说"观点的法院亦不在少数。[23] 安徽省红业医药有限公司、河北

[19] 参见广东省江门市中级人民法院民事判决书,(2016)粤07民终2929号;甘肃省高级人民法院民事判决书,(2016)甘民终18号;广东省深圳市中级人民法院民事判决书,(2019)粤03民终7086号;江苏省南京市中级人民法院民事判决书,(2016)苏01民终8727号。

[20] 参见北京市第一中级人民法院民事判决书,(2017)京01民终3562号。

[21] 参见北京市顺义区人民法院民事判决书,(2017)京0113民初13701号。

[22] 参见广东省中山市第二人民法院民事判决书,(2016)粤2072民初10549号。

[23] 参见安徽省合肥市中级人民法院民事判决书,(2017)皖01民终6212号;浙江省象山县人民法院民事判决书,(2016)浙0225民初3156号;江苏省南京市中级人民法院民事裁定书,(2016)苏01民终7556号;江苏省泰州市中级人民法院民事判决书,(2017)苏12民终1789号;四川省成都市中级人民法院民事判决书,(2017)川01民终1754号。

浩大医药有限公司买卖合同纠纷案[24]及宁波市北仑精诚设备安装有限公司与沈某某、武汉朗肯节能技术有限公司与公司有关的纠纷案[25]中，明确将资本认缴制下的股东出资定性为暂缓履行的义务而非永久免除，因此，在公司负有巨额债务时，此种期限利益便丧失存在基础，股东出资需提前到期，这符合平衡保护公司债权人和公司股东利益的立法目的。另有法院认为，公司章程虽然具有公示效力，但正是由于公信力的存在，股东对公司承担的出资范围内责任实质为一种担保责任，因此在公司无力清偿到期债务时，股东即应在认缴范围内承担补充的赔偿责任。[26]

结合以上对理论与实践的探讨，可以发现，百家争鸣之局面并非一朝一夕间形成，对《公司法解释（三）》第 13 条的文义、逻辑与体系解释，其实质已延伸至现行《公司法》的价值选择中。债权人利益及交易安全的保障是公司法的基本原则之一，而鼓励投资与公司自治，亦是公司法之立法基石与重要目的，特别是在认缴制下，后者之立法体现逐渐清晰。平衡好两者间的利益，维护社会经济秩序，是公司法的立法宗旨。但如何平衡，并不仅仅是理论的探寻，更需要综合考量《公司法》整体的制度设计及实践与理论的价值冲突，至少在股东出资义务加速到期这一问题上应是如此。

三、加速到期之合理性质疑

事实上，就股东出资义务能否加速到期这一问题，大多数学者对司法实践中否认加速到期的做法持反对意见，并以此为基础从合同法路径、公司法路径[27]等方向详尽地论证了在涉及外部债权人利益时股东出资义务加速到期的合理性，乃至于在学界已近乎形成较统一的观点。的确，认缴制的改革重心更为偏向于资本自由化，“公司自治”扩大的背景下债权人利益的保障问题

---

[24] 参见安徽省合肥市中级人民法院民事判决书，（2017）皖 01 民终 6212 号。

[25] 浙江省象山县人民法院民事判决书，（2016）浙 0225 民初 3156 号。

[26] 参见江苏省泰州市中级人民法院民事判决书，（2017）苏 12 民终 1789 号。

[27] 参见李建伟：《认缴制下股东出资责任加速到期研究》，载《人民司法·应用》2015 年第 9 期；蒋大兴：《质疑法定资本制的改革》，载《中国法学》2015 年第 6 期。

理应得到学界及司法界的热切关注。应当承认,股东自由出资权利的确认,并不代表对债权人利益的漠视与放弃。但正如上所述,利益的平衡,不是局部视野下的力量相抵,更要从整体的制度设计上考察,从实践的实施方式与宏观的市场效果去判断。所谓股东出资义务加速到期,其正当性基础是否真的坚不可摧?无保留地支持加速到期,究竟是保护了利益平衡还是打破了和谐状态?笔者对此持怀疑的态度。

(一)合同法理论适用的逻辑悖论

支持加速到期的学者首要观点即,就合同法意义而言,股东出资义务仅是公司内部的合同约定,其实质不过是公司对股东享有的出资债权。即便登记于公司章程中具有一定公示力,其仍然是公司与股东间的出资约定,无法逃出债权相对性的束缚,自然不能要求债权人遵守这一规则,更何况是在债权人自身利益难以得到保障的情形下。“否定说”所要求的债权人审慎义务,有违这一合同相对性,公司资本是债权人交易信赖的基础,突破相对性而要求债权人承担风险显然不妥。这一论证似乎已经成为“肯定说”占据上风的重要基础。然而笔者对此略有不同看法。顺合同法之逻辑,既已承认出资义务的实质仅是公司对股东的出资债权而仅产生相对力,那债权人又是基于何种权利能够直接向股东请求所谓之出资补充赔偿责任?有限责任公司之设立原则,即明确公司的债权人不得直接向股东主张债权或请求赔偿,《公司法解释(三)》第13、14条[28]亦仅仅是在法律明确规定的情况下所作出的特殊让步。以合同相对效力之限制为由论证《公司法解释(三)》第13条“未履行或未全面履行出资义务的股东”应作扩张解释,本质上是在自说自话,绕进了逻辑悖论。若仅以这一理由赋予债权人对股东的直接请求权,事实上是突破了公司的独立人格,违背了有限责任公司机制的最基本原则。

有学者依合同相对效力说进一步提出,此处的债权人直接请求权,可以

---

[28] 《公司法解释(三)》第13条规定:……公司债权人请求未履行或者未全面履行出资义务的股东在未出资本息范围内对公司债务不能清偿的部分承担补充赔偿责任的,人民法院应予支持;未履行或者未全面履行出资义务的股东已经承担上述责任,其他债权人提出相同请求的,人民法院不予支持。第14条规定:……公司债权人请求抽逃出资的股东在抽逃出资本息范围内对公司债务不能清偿的部分承担补充赔偿责任、协助抽逃出资的其他股东、董事、高级管理人员或者实际控制人对此承担连带责任的,人民法院应予支持;抽逃出资的股东已经承担上述责任,其他债权人提出相同请求的,人民法院不予支持。

视为是民法代位权制度的延伸。[29] 债权人对公司享有债权,公司对股东享有出资债权,以此法律关系为基础,在公司(债务人)怠于行使对股东(次债务人)的债权时,债权人可代公司直接向股东行使债权,此时便解决了前述债权人无请求权基础的问题。然而,代位权规则的运用,债务人的债权已到期是前提。[30] 因此,即便代位权规则可以适用于公司法领域,股东出资义务尚未期满,公司对股东的出资债权尚未到期,债权人依然无权直接向股东请求承担赔偿责任。而所谓代位权规则的打破,也即不再要求次债务到期的扩大解释,因为"法官造法"的限制与司法实践的保守性,其适用可能性已受到学者们的质疑甚至是推翻。[31]

(二)法人人格否认制度的替代适用

"肯定说"认为,资本维持原则的根本立法目的即在于,将公司的实际资产与公司的注册资本基本维持在一相当的水平,以充分保护债权人的利益,保障交易安全。一方面,公司在经营过程中应保持相当的财产;另一方面,股东出资是公司实际财产中重要的部分,在股东认缴资本额全部实缴到位前,公司应至少保持不出现无法清偿对外债务的境况。一旦公司丧失这种偿付能力,法律则应要求股东向公司补充缴付未缴的财产,以保持公司的债务清洁。[32] 若股东可以资本认缴期限未满为由拒绝出资,在债权人利益无法得到保障的情况下继续享有所谓的期限利益,便有权利滥用之嫌。基于此,有学者认为,股东出资义务加速到期所承担的补充赔偿责任,其实质应为一种资本充实责任。[33] 股东义务出资义务加速到期具有合理性,其是资本维持原则

---

[29] 参见韩长印、何欢:《隐性破产规则的正当性分析——以公司法相关司法解释为分析对象》,载《法学》2013年第11期。

[30] 《最高人民法院关于适用〈中华人民共和国合同法〉若干问题的解释(一)》第11条规定:债权人依照合同法第七十三条的规定提起代位权诉讼,应当符合下列条件:(一)债权人对债务人的债权合法;(二)债务人怠于行使其到期债权,对债权人造成损害;(三)债务人的债权已到期;(四)债务人的债权不是专属于债务人自身的债权。(现已失效,但仍具参考价值)

[31] 参见丁勇:《认缴制后公司法资本规则的革新》,载《法学研究》2018年第2期;蒋大兴:《质疑法定资本制的改革》,载《中国法学》2015年第6期。

[32] 参见王晓艳、王艳华:《注册资本认缴制下股东出资责任加速到期的正当性》,载个人图书馆网,https://sanwen8.cn/p/1f5WJd6.html。

[33] 参见郭富青:《论公司债权人对未出资股东及利害关系人的求偿权》,载《北方法学》2016年第4期;张磊:《认缴制下公司存续中股东出资加速到期责任研究》,载《政治与法律》2018年第5期。

在认缴制下的进一步需求。

诚然,资本维持原则运用的意义不容忽视,上述以资本维持原则为基础构建的股东出资义务加速到期合理性框架亦具有一定的合理性。但如上文所提,债权人与股东利益的平衡应从整体制度设计的全局观予以考量。我国《公司法》第20条已明确确立了公司法人人格否认制度,[34]对股东滥用权利的行为作出了严厉的规制。而资本显著不足作为法人人格否认的重要情形之一,其实质是公司股东利用公司人格经营其事业的诚意欠缺。这种利用较少资本计划经营大事业者或高风险事业者,目的就在于利用公司人格和有限责任把投资风险降低到必要极限之下,并通过公司形式将投资风险外化给公司的债权人。[35] 当公司面临偿债风险时,依照"肯定说"之逻辑,股东不缴纳未届期出资,即已构成了权力滥用。既然如此,为何不以法人人格否认制度去维护资本充实?这样看来,扩张解释《公司法解释(三)》第13条的被请求主体显得有些多余,甚至可能排除了法人人格否认制度的适用空间。以安徽省合肥市中级人民法院在安徽省红业医药有限公司、河北浩大医药有限公司买卖合同纠纷案为例,法院裁判理由为:"如果在公司负债累累的情况下,仍然固守认缴制下的股东一直要等到承诺期限届满才负有缴纳出资义务的理念,则实际上在鼓励股东滥用公司独立人格。"[36]依此价值判断,既否定股东出资义务加速到期涉嫌滥用公司独立人格,又为何不优先适用法人人格否认制度?因此,在法人人格否认的制度功能足以满足资本维持需求的情形下,再以资本维持原则来为加速到期确立正当性基础略显牵强。

再者,就股东权利滥用之认定尚无明确的标准。在某些案件中,被告公司以未履行法定程序及条件减少公司注册资本等类似恶意抽逃出资的方式逃避赔偿,[37]自然可以将其认定为权利滥用。另有部分情形下,公司股东约定所谓"100年"等几乎不可能履行的出资期限,亦可以认定为滥用公司独立人

---

[34] 《公司法》第20条规定:公司股东应当遵守法律、行政法规和公司章程,依法行使股东权利,不得滥用股东权利损害公司或者其他股东的利益;不得滥用公司法人独立地位和股东有限责任损害公司债权人的利益……

[35] 参见朱慈蕴:《公司法人格否认法理研究》,法律出版社1998年版,第144页。

[36] 参见安徽省合肥市中级人民法院民事判决书,(2017)皖01民终6212号。

[37] 参见上海市普陀区人民法院民事判决书,(2014)普民二(商)初字第5182号。

格的不法行为。然而,为所有出资尚未届期的股东扣上“权利滥用”的帽子未免显得有些武断,不利于公司法鼓励投资目的的实现。

(三)《公司法》第3条的内涵剖析

针对“否定说”提出的加速到期无明确法律依据一论,持支持态度的学者认为这一观点站不住脚。理由在于,我国《公司法》第3条所明确的股东责任范围,与认缴出资额是否到期并无关系,这是股东出资义务加速到期最直接的法律依据。且该条文所明确的,是股东出资义务的法定性。《公司法》修改所调整的仅仅是股东出资义务的履行时间而非性质。就这一意义而言,要求出资期限尚未届满的股东加速出资以承担法律所赋的有限责任,并没有实质性法律障碍。

的确,公司法意义上的股东出资义务应被理解为一种法定义务,然而这与认缴制所确立的出资期限自由并不冲突。公司设立时认而不缴,自由约定认缴期限,并不代表股东出资义务本质的随意性;强调股东出资的法定义务,亦不代表要取缔股东的出资期限自由。法定义务的实质,是按时、足额地履行出资义务。只是在认缴制下,义务的履行条件可以事先设定。股东出资义务的法定性是加速到期的必要不充分要件,不足以推得加速到期存在的合理性及必要性。其次,引用《公司法》第3条作为加速到期合理性的法律基础亦不妥当。从该条文的表述来看,股东承担责任的对象为公司,而该条文的上一句“公司以其全部财产对公司的债务承担责任”才是条文的核心规定,也即债权人行使债权的对象应限于公司本身。该条文所确立的,一方面,是公司的独立人格;另一方面,是股东的有限责任,也正因为规定了这两个有限责任公司的本质特征,其才被视为是《公司法》的核心所在。[38] 因此,笔者并不赞同将该条款视为股东出资义务加速到期合法依据的意见。亦有学者对此进行反驳,公司的对外责任主要是对债权人所负的清偿责任,所以股东对公司承担责任本质上便是股东间接对公司外部债权人担责。[39] 这一观点事实上又绕回了笔者在合理性质疑的第一部分合同相对效力之限制中所提及的逻辑悖论,有否定公司独立人格之嫌。

---

[38] 参见丁勇:《认缴制后公司法资本规则的革新》,载《法学研究》2018年第2期。

[39] 参见蒋大兴:《质疑法定资本制的改革》,载《中国法学》2015年第6期。

（四）制度优势的博弈

2015年《最高人民法院第八次全国法院民事商事审判工作会议纪要（商事部分）》表明，法院原则上仅支持破产加速到期。然而，持“肯定说”的学者对此方式并不苟同。大多数学者认为，“非破产加速”在实际运用中较“破产加速”更具优势，原因在于其救济成本低、效益高。[40] 主要理由如下：（1）“非破产加速”可填补“破产加速”的漏洞，解决公司“主观清偿不能”的问题。公司破产所针对的主要是公司客观清偿不能的问题，而采用股东出资义务加速到期的方式，可以向股东直接施压，遏制股东恶意控制公司主观不清偿的现象。（2）“非破产加速”的执行成本低于“破产加速”。加速到期发生在破产中或破产前，其实质效果并无二致，要求股东实际承担的责任相同，其区别仅在于前者是面向全体债权人的公平清偿，而后者是个体清偿。当公司已达破产界限时，公司和债权人并非都有让公司破产的愿望，如果某个或几个股东可以出资的财产就足以偿付公司的债务，没有必要让公司破产。且“非破产加速”往往能节约包括加破产管理人费用、债权人会议费用等大量成本，更高效地救济债权人，保护交易安全。[41]

对于以上观点，首先，针对“非破产加速”可填补漏洞的制度优势，笔者并不赞同。这里涉及“不能清偿到期债务”的判断问题。第一，破产意义上的“不能清偿”主要包括资产不足以清偿到期债务或者明显缺乏清偿能力两种情形，[42]而停止支付作为债务人的主观行为与上述两种情形略有不同，但债权人亦可就此向法院申请宣告其破产，债务人欲抗辩必须举证证明其偿债能力。[43] 因此“破产加速”并非有的学者所言不能解决“主观不偿”的问题，若股东主观意愿上欲使公司存续，自然会在债权人申请破产时举证证明其偿债能力，甚至自愿加速到期，并不影响债权人利益的维护。第二，即便“破产加速”

---

[40] 参见赵旭东：《资本制度变革下的资本法律责任——公司法修改的理性解读》，载《法学研究》2014年第5期。

[41] 参见蒋大兴：《质疑法定资本制的改革》，载《中国法学》2015年第6期；赵旭东：《资本制度变革下的资本法律责任——公司法修改的理性解读》，载《法学研究》2014年第5期。

[42] 参见《企业破产法》第2条：企业法人不能清偿到期债务，并且资产不足以清偿全部债务或者明显缺乏清偿能力的，依照本法规定清理债务。企业法人有前款规定情形，或者有明显丧失清偿能力可能的，可以依照本法规定进行重整。

[43] 参见赵万一：《商法》（第5版），中国人民大学出版社2017年版，第283页。

的确存在上述漏洞,将"非破产加速"的条件设置为主观标准,只要公司有不偿还债务的事实,无须判断公司的实际清偿能力即可请求公司股东出资义务加速到期又是否真的可取?诚然,这一情况下公司恶意不清偿的可能性会大大减小,然而让股东面临如此严苛的责任,无须经实体审查即可随时加速到期,认缴制所确立的出资自由又有何意义,鼓励投资的作用又究竟体现于何处?

其次,"非破产加速"的社会成本是否真的更为低廉?的确,当公司面临破产境地时,公司与债权人有挽救公司的意愿与权利,破产和解与重整制度已考虑了这一因素。但利用股东出资义务任意的加速到期,在某些情形下有无放纵"僵尸企业"存续的可能性?且个别清偿看似成本较低,然当一公司确实存在破产原因时,全体债权人的利益又如何确保?法律先是确认加速到期个别清偿的合法性,再进行个别清偿的撤销,此种情境下整体债权人的救济成本、司法运行成本、社会成本是否又会上升?且《企业破产法》的本意并非制造破产企业,更多的是一种风险警示与底线思维,倒逼公司股东履行出资义务,若仍无法偿还债务再行破产的过程。其制度目的,即在于通过个体破产的"大成本"来换取社会整体成本的降低,若一味允许非破产加速,所带来的结果很可能是个别清偿下的执行争抢,[44]不利于市场经济的正常新陈代谢。因此,一概而论地认为"非破产加速"更具优势略显不妥。

综上所述,笔者认为,肯定股东出资义务加速到期的合理性根基并非十分牢固,完全无保留地支持加速到期于债权人与股东利益的平衡不一定有利,甚至可能会产生与公司法原有制度体系包括认缴制改革、法人人格否认等的不协调,因此,就加速到期这一问题而言,笔者总体上并不赞同"肯定说"的观点。

四、加速到期的价值矫正

2019年11月14日,《九民纪要》正式发布,其中第6条就股东出资义务

---

[44] 参见刘旭峰、辛崇增:《执行程序不适用股东出资义务加速到期》,载《人民司法(案例)》2017年第29期。

加速到期问题明确指出:在注册资本认缴制下,股东依法享有期限利益。债权人以公司不能清偿到期债务为由,请求未届出资期限的股东在未出资范围内对公司不能清偿的债务承担补充赔偿责任的,人民法院不予支持。但是,下列情形除外:(1)公司作为被执行人的案件,人民法院穷尽执行措施无财产可供执行,已具备破产原因,但不申请破产的;(2)在公司债务产生后,公司股东(大)会决议或以其他方式延长股东出资期限的。[45] 从其表述来看,最高法的态度较为明朗,原则上不支持股东出资义务的加速到期,在两种例外情形下可适当突破。笔者亦倾向于这一观点。

(一)"否定说"的价值根基

《九民纪要》关于股东出资义务加速到期的观点正式确立了"否定说"的实践地位,即便无法作为裁判依据援引,其实践指导意义亦足以承认"否定说"的内在价值。尽管"否定说"存在部分漏洞,譬如无法律明确规定的说法并不能令人信服,更可能被视为是回避问题的借口。[46] 所谓"债权人商业风险自负"之论述亦不稳妥,毕竟实践中营业执照上的注册资本依然是债权人了解一公司信用的主要途径,即便是公司章程中公示了出资期限的约定,在大多数情况下债权人也无法据此实质判断公司的资信情况。如将此种商业风险强加于债权人,明显有违公平原则,不利于利益平衡。然而从总体上而言,笔者认为"否定说"存在的合理性依然胜于"肯定说"。

第一,否定股东出资义务加速到期在法理层面更具正当性。法律既明确赋予股东期限利益,则理应设置相应的保护机制以防范此种利益流于形式。分期认缴出资,仅是股东依法所作的正当交易安排,且在设立过程中已登记公示,即使是面临公司无法清偿债务的情形,股东基于法律规定继续行使这一期限利益,若无其他证据,不能认为欺诈,也未违反诚实信用原则,在道德层面不具备可谴责性。[47] 相反,要求股东提前履行出资义务以偿还公司债务则缺乏权利基础。[48] 以违约责任为请求权基础,股东实则并无违反出资约定;

[45] 参见《全国法院民商事审判工作会议纪要》(法〔2019〕254号)。

[46] 参见李建伟:《认缴制下股东出资责任加速到期研究》,载《人民司法·应用》2015年第9期。

[47] 参见章恒筑等:《认缴资本制度下的债权人诉讼救济》,载《人民司法·应用》2016年第16期。

[48] 参见俞巍、陈克:《公司资本登记制度改革后股东责任适法思路的变与不变》,载《法律适用》2014年第11期。

以侵权责任为请求权基础,股东亦不存在任何过错。综上,加速到期的法理支撑明显不足。

第二,否定股东出资义务加速到期在解释论上更有说服力。从文义解释出发,《公司法解释(三)》第13条第2款将股东的责任表述为“在未出资本息范围内对公司债务不能清偿的部分承担补充赔偿责任”,事实上便从立法本意排除了未届期股东出资义务加速到期的可能性。毕竟,当股东出资期限尚未届满即需履行时,又如何要求股东承担在未出资本金之外的利息?在这一点上“肯定说”的扩大解释法有些自相矛盾。[49] 从体系解释出发,《公司法》第28条强调股东的出资义务为“按期足额缴纳”而非“随时缴纳”,这本身便是《公司法》整体对于股东期限利益的尊重与保护。且就“未履行或者未全面履行出资义务”表述而言,《公司法解释(三)》中出现了多次,大多与“抽逃出资”一词并用,[50]由此推知,此类股东不应包括出资期限尚未届满的股东。[51]

第三,否定股东出资义务加速到期是资本认缴制变革的必然结果,是资本自由市场的必然要求。原有实缴制之主要弊端即在于非但未能切实保护债权人利益,反而加重了公司股东的出资负担,认缴制的出现有效地缓解了这一问题,赋予了股东以期限利益。之所以有许多学者支持加速到期,主要是出于在公司无法清偿债务时继续保护此种期限利益可能会损害债权人利益的担忧。然而正如上文分析,此种担忧存在的合理性并不充分甚至于有些过虑,打乱了《公司法》《企业破产法》原有的制度设计。且“肯定说”的观点大多局限于微观视角,认为债权人之利益亟待进一步保障。若将支持加速到期这一问题放大,在宏观视角下,认缴制名义上赋予股东期限利益,然而在股东实际投资时,亦需考虑该企业未来亏损程度及自己后续的资金流充足程度。若企业之后有所负债,股东应随时准备好尚未到期的出资额等待债权人的诉讼,那么认缴制所谓的“出资自由”将名存实亡,投资者往往因为过高的商业风险而不愿再轻易涉足,此时的鼓励投资基本原则又如何实现?且市场本身便具有一定的自我调节性,由市场主体自己决定自身的命运更为符合市

[49] 参见张磊:《认缴制下公司存续中股东出资加速到期责任研究》,载《政治与法律》第5期。

[50] 《公司法司法解释(三)》第13、16、18、19条。

[51] 参见刘浩然:《论股东出资期限中的自由与限制》,载《时代法学》2017年第5期。

场经济本质。对于债权人而言,要么接受公司延期还债的安排,要么下定决心申请公司破产;对于股东而言,要么主动提前履行出资义务以偿债,要么以破产来与债权人谈判。[52] 在这一过程中,市场自发形成的利益平衡已经存在,司法不应过分干涉。因此,最高法将否定股东出资义务加速到期的理由概括为"股东的期限利益",其实质便是为了维护公司资本认缴制的核心与资本市场应有的活力。

第四,否定股东出资义务加速到期是《公司法》维持整体利益平衡的需要。出资义务加速到期问题的实质便是《公司法》在股东与债权人利益上的价值选择。担忧债权人利益的保障问题从出发点来看没有任何不当,但在担忧之前首先应该慎重考察的,是现有法律体系的制度设计有无存在明显的立法漏洞,有无造成利益的明显不均衡。首先,就目前司法实践中支持加速到期的案例来看,其大致案情基本没有脱离《公司法》已有的规制范围。存在滥用公司法人独立人格之嫌的,[53]自然可以利用《公司法》第 20 条的法人人格否认制度加以处理;存在类似抽逃出资行为的,[54]亦可以通过《公司法解释(三)》第 14、16、17 条由债权人直接请求股东承担补充赔偿责任抑或由公司催缴及采取相应限制措施。如此看来,在现有《公司法》足以保护债权人的情形下,继续去扩张解释《公司法解释(三)》第 13 条似乎显得有些画蛇添足,甚至于利用此种扩张解释去干涉股东应有的期限利益,实则有破坏《公司法》原有利益平衡的可能性。其次,"肯定说"所考虑的利益平衡视野过于局限,其理论是基于一条二维的时间线延展而来。以公司无法偿债为基准点,在此之前,认缴制的改革突出股东期限利益的保护,在此之后则应对债权人利益作出倾斜,以此方能达到平衡状态。然而,利益平衡的架构事实上远没有如此简单。《公司法》为利益平衡所作的制度设计在三维视角下显得更加饱满与精密,除了一条条纵向的时间线,每个时间点上的横向视角同样十分重要。

---

[52] 参见章恒筑等:《认缴资本制度下的债权人诉讼救济》,载《人民司法(应用)》2016 年第 16 期。

[53] 参见安徽省合肥市中级人民法院民事判决书,(2017)皖 01 民终 6212 号;江苏省泰州市中级人民法院民事判决书,(2017)苏 12 民终 1789 号;浙江省象山县人民法院民事判决书,(2016)浙 0225 民初 3156 号。

[54] 参见上海市普陀区人民法院民事判决书,(2014)普民二(商)初字第 5182 号;江苏省南京市中级人民法院民事判决书,(2016)苏 01 民终 7556 号。

例如,在公司设立时,资本确定原则顾及债权人利益的维护,而出资自由则考虑了股东利益。在公司存续时,公司所有者有经营自由,然而亦需受到资本维持等相关制度的限制。同样地,在公司无法偿债这一时间点上,继续股东的期限利益与债权人的保护并不冲突,毕竟如上所述,《公司法》已有的制度足以解决这一问题,强制加速到期而剥夺股东期限利益并不一定明智。

(二)例外情形下的"加速到期"

首先,应明确《九民纪要》所确立的两项"加速到期"例外非"肯定说"之意见,其实质并未突破法律对股东固有期限利益的保护。与"折中说"所提出的"经营困难"及"非自愿债权人"例外不同,最高法在《九民纪要》中列明的例外情形,本质上依然是对股东期限利益的坚守与债权人利益的衡平考量,且并未出现类似于前文提及的"折中说"之问题。

法院穷尽执行措施债务人无财产可供执行,且具备破产原因而未申请破产的,指债务人"事实破产"的情形。出于保护债权人的考虑,法律已在破产及解散两个环节中规定了相应的加速到期制度,而强制执行作为民事诉讼程序中的重要部分,尽管与破产程序存在前提、客体、法律后果等不同,但从实践来看,两者本身即具有相通性,均以债务人的财产为清偿对象,并由国家强制力作保障。在我国现实中,由于破产的高门槛,强制执行程序甚至事实上发挥了本应由破产承担的功能。[55] 就这一角度而言,具备破产原因而未申请破产的例外情形实质上是"破产加速到期"的合理延伸,未突破"否定说",亦解决了"肯定说"中所谓诉讼资源浪费、破产成本大的问题。考虑到该例外本身并非"破产程序",因此,在整体债权人和个别债权人利益的平衡方面,该规定在一定程度上倾向了个别债权人,以维护制度的严谨性。加速到期后,股东提前缴纳的出资直接归于个别债权人,并不妨碍其他债权人申请公司破产。一旦破产启动,仍应回归破产加速到期,将未届期股东提前缴纳的出资纳入债务人财产中以公平清偿。

公司债务产生后,公司股东(大)会决议或以其他方式延长股东出资期限的,事实上正是现有司法实践中所提及的恶意延长出资期限。公司对股东的

---

[55] 参见唐应茂:《为什么执行程序处理破产问题?》,载《北京大学学报(哲学社会科学版)》2008年第6期。

出资享有债权,在公司对外债务到期之后,通过股东大会等形式延长出资期限,本质上便是恶意延长到期债权的履行期,损害公司债权人利益,可扩张解释我国《民法典》第538条[56]据以规制。在股东恶意延长出资期限以逃避债务时,其行为本身已经突破了股东固有期限利益的范围。这一行为使公司的资信情况在其无法清偿债务时出现显著变化,滥用所谓的"出资自由"逃避债权人的追索,自然不再受到法律的保护,这是诚实信用原则与公平原则的基本体现。

值得注意的是,在《九民纪要》的征求意见稿中,例外情形为3类,包括:(1)股东恶意延长出资期限以逃避履行出资义务的;(2)股东作为被执行人的案件,因穷尽执行措施无财产可供执行,被人民法院裁定终结本次执行的;(3)人民法院受理公司破产申请的。而在正式版出台后,则删去了第三种情形,并将"恶意延长出资期限"具体化为"在公司债务产生后,公司股东(大)会决议或以其他方式延长股东出资期限","穷尽执行措施无财产可供执行"具体化为"无财产可供执行且事实破产"。这一条文的变迁,无疑为司法实践提供了更强的操作性。第一,原有的第三种情形"人民法院受理公司破产申请"本身即"破产加速到期",不归属于"非破产加速到期"的争议问题,应删去。第二,关于恶意延长出资期限的例外情形,新增了"公司债务产生后"的时间限定条件,以及"股东(大)会决议等方式"的程序条件。一方面,延长出资期限合乎程序是前提,若程序违法,则根本谈不上"延长出资期限"问题,逻辑上更为周延。另一方面"在公司债务产生后"是限定,若在债务产生前合法延长出资期限,难谓"恶意",理应受到期限利益的保护。以这两者为条件,删去"恶意"的主观表述,意在减轻债权人的举证责任。以"债务产生后,延长出资期限"的客观推主观,实务中更易认定。第三,将"事实破产"与"无财产可供执行"相结合,进一步限缩了加速到期的实践适用范围,事实上排除了当前司法中"公司经营发生重大变化、偿债能力快速降低"情形下的加速到期做法,与"否定说"的价值根基相趋同。同时,在关于股东出资义务加速到期是

[56] 《民法典》第538条规定:债务人以放弃其债权、放弃债权担保、无偿转让财产等方式无偿处分财产权益,或者恶意延长其到期债权的履行期限,影响债权人的债权实现的,债权人可以请求人民法院撤销债务人的行为。

否适用于执行阶段的问题上,《九民纪要》将初稿中的“法院裁定终结执行”替换为“无财产可供执行”,似乎间接肯定了最高人民法院《关于民事执行中变更、追加当事人若干问题的规定》第17条[57]“未缴纳或未足额缴纳出资”可扩大解释至“未届出资期限时的未缴纳或未足额缴纳情形”的观点,缓和了长久以来的争议,为司法实践明确了方向。

综合上述观点,笔者认为,《九民纪要》就股东出资义务加速到期问题所作出的进一步明确,对于国内长久不断的学术争议,特别是司法实践中的观点统一具有重要意义。否定股东出资义务的加速到期,具有鲜明的国情特色与时代背景。认缴制改革下的制度设计,其本身便应明确价值定位,既已有法律明确规定下的资本自由,便应在利益平衡的最大范围内保证这一合理需求,实现资本认缴制改革的本位回归。

五、结语

对于在非破产情形下,是否应该加速到期未届期股东的出资义务这一问题,本质应该回归于《公司法》所保护的整体利益与制度体系。实缴制以往存在既无法切实保护债权人利益,又造成大量资金闲置,限制资本市场流通等问题。保护股东享有的期限利益是认缴制的核心,也是否定股东出资义务加速到期的根本逻辑支撑点。在认缴制改革以及“大众创业、万众创新”的大背景下,最大可能地激发市场活力,切实给予公司自治权利成为优化营商环境的必然需求。因此,与一味保护债权人利益的肯定“加速到期说”相比,否定非破产情形下的股东出资义务加速到期应是更稳妥的选择。

当然,在否定股东出资义务加速到期的同时,亦应积极完善并提升相关配套制度的建设与司法适用空间,确保债权人利益在现有法律制度框架内得到积极实现,不至于利益受损、求诉无门。破产程序凭借自身灵活的和解、重

---

[57] 最高人民法院《关于民事执行中变更、追加当事人若干问题的规定》第17条规定:作为被执行人的企业法人,财产不足以清偿生效法律文书确定的债务,申请执行人申请变更、追加未缴纳或未足额缴纳出资的股东、出资人或依公司法规定对该出资承担连带责任的发起人为被执行人,在尚未缴纳出资的范围内依法承担责任的,人民法院应予支持。

整等制度设计,应该成为债权人寻求权利救济的首要选项。立法与司法应正视破产的社会效益,充分利用其警示机制。除陷入破产原因之外,以破产的启动促使债务人尽最大诚信偿还债务,发挥市场的自我调节功能。另外,立法部门可重点着手研究董事催缴制度在我国的可行性,将外部强制的加速到期问题内化为公司自身的经营决策问题,实现市场的自身平衡。司法实践则应灵活调用现有的法律依据,对恶意延长出资期限的可撤销行为及资本显著不足的滥用法人独立人格行为予以规制。前者是《九民纪要》规定的例外情形,可以《民法典》第538条为基础法律依据。而后者则主要指公司设立之目的即在于通过设置不合理的出资年限达到以极低的资本运行极高的商业风险效果,可以《公司法》第20条为基础法律依据,适当扩充法人人格否认制度的适用空间。上述配套制度与否定股东出资义务加速到期的原则相结合,有利于充分发挥市场主体的自主选择性,最大可能地利用社会的闲散资金,鼓励投资自由,最终促进社会市场经济的发展与法治社会的进步。

The Value Orientation of the Accelerated Expiration of Shareholders' Contribution Obligation from the Perspective of Interest Balance

Qian Cheng　Dong Yuting

Abstract: The essence of whether the shareholders' contribution obligation can be accelerated within non-bankruptcy, lies in the controversary and value choice between the interests of shareholders and creditors. On this issue, the existing theoretical and practical realms present a variety of positive, negative and eclectic views. Summary of the Ninth National Civil and Commercial Trial Working Conference confirms the principle to oppose accelerated expiration of shareholders' contribution. In fact, it is a simple understanding from a two-dimensional perspective to arbitrarily deprive shareholders of their statutory term interests on the grounds of creditor protection. There are certain logical paradoxes and argumentation loopholes, which cause the difficultly of achieving the real balance of interests. Comparatively speaking, considering the overall system design and legislative purpose of the Company Law of the People's Republic of China, the negative view should be supported. And this is also the essential requirement of registered capital reform. To deny the accelerated expiration of shareholders' contribution obligation is not to ignore the interests of creditors, but the best choice to realize the benign development of the free capital market on the premise of the overall balance between the interests of shareholders and creditors.

Key words: the Accelerated Expiration; Shareholder's Contribution; Registered Capital Subscription; Interests Balance

《西南法律评论》(第5卷·总第34卷)
第69~83页

论网络游戏账号交易的合法性

林　前*

摘　要:网络游戏账号作为玩家对网络游戏运营商的物权权利与物权基本性质矛盾,作为债权性权利既切合通说也符合实践的要求。网络游戏账号交易不具备《民法典》第545条所规定的禁止转让的条件。运营商以保护隐私为由禁止交易,是在干涉玩家的隐私权,该理由不应被支持。出于鼓励交易的目的,法律应允许玩家可以自由地转让账号债权,规定运营商有保护网络游戏账号交易的义务。

关键词:债权性权利;无效格式条款;隐私支配权

目前,网络游戏已经成为大多数人娱乐的主要方式,民众对网络游戏的投入也越来越大,但网络游戏虚拟财产侵权案件多发,涉及人数多,数额大,故法律有必要保护与网络游戏相关的网络虚拟财产,但过去学界研究主要集中于流通的装备道具,而忽略了网络游戏账号的特殊性。实践中,并非所有的装备道具均可在玩家间交易流通。游戏中存在绑定的装备道具,这些绑定物品只能固定于所在

* 山东大学法学院2017级法律硕士。

账号。若玩家想得到这些绑定的道具,只能购买这些绑定物品所在账号。同时,也有部分人不单单是想要某一特别的道具,而是看中了某一账号的整体属性。于是,便滋生了买卖网络游戏账号交易。对于盗取账号案件,法院多以盗窃罪认定。但存在账号原权利人依据运营商所提供的账号申诉找回系统这一特殊途径盗取账号,可能涉及网络运营商的责任承担。网络运营商辩称的理由是网络游戏账号的交易不合法,拒绝保护账号交易,无须承担账号的安全责任。本文就网络游戏账号交易是否合法进行讨论来确定运营商在账号流转中的责任。

一、网络游戏账号应属于债权性权利

网络虚拟财产具有经济价值和交易价值,因为其注入了上网时间、脑力劳动和真实货币,使普通的数据可以承载一定的经济价值,而且这类价值往往能在离线交易中以现实货币反映,[①]而这类价值是通过合法途径取得,并未损害他人或国家社会利益,因此具有一定的财产属性。狭义的网络虚拟财产分为3类:一是账号类虚拟财产,如邮箱、QQ账号等;二是道具类虚拟财产,如游戏里掉落的装备,商城里出售的道具;三是虚拟货币类,如Q币、金币等。[②] 其中,网络游戏运营商对于这3类财产能否转让的态度却是截然不同的。运营商允许玩家间自由交易非绑定的道具装备、货币,却禁止玩家交易账号。纵览游戏运营商与玩家的服务协议,运营商们已经对网络游戏账号所有权归属于自己达成了共识,所有的服务协议中均约定网络游戏账号所有权归属于运营商,而玩家仅仅享有使用权,无权买卖账号。同时,运营商通过玩家真实身份与服务绑定的方式和只对账号申请者的保护的行为都在一定程度上间接限制了账号的流转。

虽然运营商在协议中禁止买卖账号,但是在现实中,玩家间交易网络游

① 参见郭英华、徐亚男:《离婚案件网络虚拟财产的分割——以淘宝店为例》,载《重庆邮电大学学报(社会科学版)》2018年第5期。

② 参见杨立新:《网络交易平台提供服务的损害赔偿责任及规则》,载《法学论坛》2016年第1期。

戏账号的行为数不胜数,因此,有必要明确网络游戏账号的交易行为的合法性,给予玩家明确的法律指引。学界对网络虚拟财产的属性观点主要有物权客体说、债权客体说、知识产权说、新客体说。后两者学说均因缺陷明显而被否定,而学界争议主要集中于物权客体说和债权客体说。故笔者首先通过网络游戏账号对物权客体说和债权客体说的适应程度来判断其法律属性,以便根据我国目前已完善的相关法律对网络游戏账号交易的合法性进行判断。

(一)网络游戏账号并非运营商约定的物权客体

早年,法院裁判网络游戏账号相关案例主要依据运营商的服务协议,如吴某诉上海盛大网络发展有限公司网络服务合同纠纷一案。运营商在该服务协议中限制交易的依据是其享有对账号的所有权,所有权的说辞意味着限制交易是建立在账号是物权客体的前提下。《中华人民共和国民法典(草案)》在修改时,曾将网络虚拟财产纳入物权法调整范围,但遭到大量的民法学者的反对,以至于最终稿将其删去,这反映了其存在一定的不合理性。网络虚拟财产物权客体说以杨立新教授为代表,杨教授认为,只要具有法律上的排他支配或管理的可能性且具有独立的经济性就可以被认定为法律上的"物"。网络运营商、用户、黑客都可以排他性支配或管理这些具有独立经济价值的网络虚拟财产,且网络虚拟财产的存在需要一定的空间,这些都与物的属性相似,所以网络虚拟财产具有的法律属性是物,即虚拟物,是互联网时代的物的特殊形式,是物权的客体。③ 该学说在解释道具装备、虚拟货币的法律属性上具有一定的合理性。但一个网络游戏账号包含着道具装备,虚拟货币等多种网络虚拟财产以及其他服务,并随着网络游戏的迅猛发展,包含形式内容也越发多样化。物权客体说便难以兼顾单一道具等与综合账号的解释。同时,承认物权客体说,会存在网络虚拟财产的所有权无论归属于谁,都可能出现明显的不合理性的问题。

1.运营商享有网络游戏账号所有权违背公平理念

若是根据服务协议约定,由运营商享有对账号的所有权,而用户仅仅享有使用权。虽然能体现运营商对账号的排他支配权,但会引发实质上的不公

③ 参见杨立新、王中合:《论网络虚拟财产的物权属性及其基本规则》,载《国家检察官学院报》2014 年第 6 期。

平。在运营商拥有所有权的前提之下,玩家申请账号实质上是运营商根据用户的申请,将账号使用权给予每一个注册账号用户,这属于无偿给予,但约定期限不明,则用户与运营商的服务协议在性质上是不定期的账号借用合同,则玩家作为借用人,无处分网络游戏账号的权利,但有返还借用物的义务,这即是运营商禁止买卖账号的法律根据。

对此,需要考虑两个基本问题:第一,玩家在借用网络游戏账号后,在该账号上向运营商支付一定费用而得到道具的行为是租赁行为还是买卖行为,道具所有权应归属于玩家还是运营商?第二,在解除该不定期借用合同时,玩家能否请求运营商不当得利返还?对于第一问,假如玩家是向运营商租赁该类道具,那么存在与《中华人民共和国民法典》(以下简称《民法典》)相矛盾之处。一是租赁物应为特定的非消耗物。显然游戏里的药水类等道具是消耗物,运营商对药水的出卖,提供给玩家的选项是购买,表明运营商是出售药水的所有权,玩家通过购买而获得了该药水的所有权。其他道具与药水是一同出售,并不作区别,可见对药水一般均是出售所有权。交易中,运营商出卖这些道具的所有权,玩家认为自己购买的是这些道具的所有权,这样双方达成合意,合同成立生效。二是运营商对于这些道具期限设定为永久,而这永久显然不符合《民法典》第705条第1款规定:“租赁期限不得超过二十年。超过二十年的,超过部分无效。”同时,运营商的收费方式也是要求玩家一次性支付永久的费用,综上可判断运营商出售的是此类道具的所有权,玩家在官方商城支付费用获得道具的所有权。但这些道具无法脱离账号单独存在,故这些道具与账号形成添附关系,而账号均归属于运营商所有,则道具也应归属于运营商所有。

对于第二问,根据我国《民法典》第985条规定,“得利人没有法律根据取得不当利益的,受损失的人可以请求得利人返还取得的利益”。在不定期借用合同解除时,运营商丧失继续享有道具的法律依据。而在玩家对账号进行投入升值后,账号的财产价值明显增加,在玩家支付费用购买道具时,运营商就已获得利益。玩家购买道具是运营商获利的主要来源,应属于运营商的经济计划。玩家支付对价所购买的道具却由运营商取得所有权,受有损失,且玩家的受损与运营商的受益有因果关系,因此构成不当得利,玩家有权请求运营商不当得利返还。实际上,玩家大多无相关的法律常识,只知道投入费用后是无法向运营商请求返还的,但账号属于自己的财产,唯一能挽回损失的途径就是出售账号。而对于运营商而言,并未开放玩家解除合同的服务。对于本应该是解除合同的行为,运营商却将其视为是玩家自己抛弃账号。所谓的玩家删号服务和运营商收回账号的结果是,运营商直接删除该游戏所有数据,并没有继续处分该网络游戏账号获取一定的利益,至此该账号彻底消失。这是因为,在玩家间有价值的账号对于运营商而言只是一组组无价值的电子数据,运营商随意就能创建出这些玩家眼里高价值的账号,这样的技术地位差距导致返还标准不明确,运营商也并无返还意愿。

笔者认为,若由运营商取得网络游戏账号的所有权,运营商凭借着物权的强大保护力和技术手段,使玩家所做投入归于自己,这对玩家显然不公平。网络虚拟财产不同于实物,有着电子数据价值的对象差异性,让运营商返还不当得利是困难的,欠缺可操作性。同时,相对于运营商,玩家对网络游戏账号的投入付出使玩家更重视网络游戏账号,处分权归于玩家也能更好地盘活网络游戏账号资源,避免运营商删除账号,浪费资源。

2. 网络游戏账号所有权归属玩家与物权的基本属性冲突

杨立新教授表示,“物的概念扩张是社会经济和科技发展的产物,是一个不断变动的过程,只要不危及物权体系和物的体系的基本概念,对其中的个别部分的修改都在允许的范围内”。[④] 但是,笔者认为,即使为兼顾运营商和玩家间的利益公平,将网络游戏账号视为玩家的所有物,物权客体说仍存在不合理之处,它忽略了网络游戏账号不可避免的网络依附性,即所有玩家必须通过运营商的系统介入或辅助才能玩游戏。这与物权是支配权即“只需物权人依照自己的意思及行为对标的物管领处置,事先无须他人意思或行为的介入或者辅助”的传统理解存在冲突,这就属于杨立新教授所称危及物权的基本理念的情况。玩家在网络游戏世界里所做的一切操作,均是请求运营商的后台处理后反馈出的结果,并非直接支配该网络游戏账号。这些结果虽是即时性的,但仍然是玩家在对运营商所能提供的有限范围内的服务进行选择后请求运营商履行。没有运营商的介入,玩家显然无法操作游戏,同样地,玩

④ 杨立新、王中合:《论网络虚拟财产的物权属性及其基本规则》,载《国家检察官学院报》2014年第6期。

家也无法跳过运营商的服务内容随意地支配网络游戏账号。因此,网络游戏账号所有权也不能单纯归属于玩家。

3. 运营商与玩家共有网络游戏账号影响游戏的正常运行且仍违背公平理念

考虑到运营商和玩家均是网络游戏账号产生使用中不可或缺的角色,可让两者共有账号,但这一观念与社会普遍观念不同,几乎没有玩家认为自己的账号是与运营商共有的,而运营商同样也不这么认为。但是若双方共有账号能够合理解释网络游戏账号属性,仍然可以通过法律使这个观念深化,因此有探讨的必要性。

根据《民法典》第308条规定:“共有人对共有的不动产或者动产没有约定为按份共有或者共同共有,或者约定不明确的,除共有人具有家庭关系等外,视为按份共有。”运营商与玩家实属陌生人,并不属于所谓的家庭关系,因此,玩家与运营商对账号按份共有。《民法典》第309条规定:“按份共有人对共有的不动产或者动产享有的份额,没有约定或者约定不明确的,按照出资额确定;不能确定出资额的,视为等额享有。”由于运营商是对整个服务器持续服务的,并非某个特殊时间专门服务于某一账号,则对于单一账号的出资额就难以确定,因此运营商和玩家等额享有该网络游戏账号。但考虑到账号下玩家与运营商的这一高度信赖的特殊关系有可能成为新型的共同关系,账号也可能是由玩家与运营商共同共有。但是,无论是处于何种共有关系,根据《民法典》第301条规定,“处分共有的不动产或者动产以及对共有的不动产或者动产作重大修缮、变更性质或者用途的,应当经占份额三分之二以上的按份共有人或者全体共同共有人同意,但共有人之间另有约定的除外”。玩家均有权利支持或否定运营商对网络游戏账号的改变。现实中为了保证游戏的运营,运营商会频繁统一地更新游戏,更换消除某些道具等,若以物权的强大保护属性,那么每一位玩家都能支持或否定运营商的更新,不同玩家不同的决定,巨大的差异性必然会影响游戏的正常运营。相反,玩家对网络游戏账号的处分仍然会受到运营商的制止,同前文所论述的,这样违背公平理念。虽然可以通过约定避免这些问题的出现,但由于双方技术地位的差异,实际约定仍然由运营商掌控主动权,即使由法律来介入,但也会因为网络游戏的复杂程度增加介入成本。因此,笔者更趋向于网络虚拟财产债权客体说。

（二）债权客体说适应当前网络游戏账号的使用情况

相比之下，债权客体说能够正确表达玩家与运营商的关系，体现了网络游戏账号的网络依附性和玩家对账号的控制能力，强调了权利人在行使权利时，必须得到网络运营商的技术配合，受到服务器状态的限制，其在行使相关网络虚拟财产权利时必须通过与网络服务合同和软件授权使用合同的配合方能实现。[⑤] 运营商与玩家处于平等地位，运营商能对游戏独立进行改动，而玩家接受处置运营商的服务，权衡了利益分配，保证双方足够的自由，也不会突破传统的债权体系，解释成本也较物权客体说低。债权客体说的相对性也能正确表达同一账号下不同账号权利人的关系。

目前，在网络社会，人们能够"多线程"地处理日常事务，这种"多线程"的处理方式，能使人们随时在不同领域穿梭。[⑥] 尤其是在网络游戏领域各大游戏运营商扩大业务范围、增加垄断程度、减少注册程序的营销策略催动下，大多数网络游戏具备两大特征：一是集约化：一个网络游戏平台下拥有多款相对独立的游戏。玩家在拥有该平台账号后，才可通过该平台账号在平台下的不同游戏创建一个全新的网络游戏账号，并使用该平台的账号密码登录玩家所创建的网络游戏账号。比如，腾讯公司旗下的全部网络游戏，如"英雄联盟""地下城与勇士"等热门游戏通通汇聚于腾讯公司的 WeGame 游戏平台，统一要求玩家使用腾讯的 QQ 账号密码注册登录。玩家在该平台旗下的每一个游戏里都可以创建自己的独立全新的网络游戏账号，QQ 的等级等相关属性并不会对该旗下的网络游戏账号有任何影响。二是跨平台：游戏运营商向玩家开放其他常用账号如微信、QQ 等直接注册网络游戏账号的途径，QQ 和微信等账号已经不单单是社交账号，也可以是网络游戏账号。比如，手机上的微信账号也可以用于注册登录电脑上的网络游戏。这两特征引发了"一号多用"的现象。同时，由于这些游戏之间有着各自的登录端口，不同的人就可以在同一时间使用同一账号分别进入不同的游戏，彼此之间互不影响。这样

⑤　参见王雷：《网络虚拟财产权债权说之坚持——兼论网络虚拟财产在我国民法典中的体系位置》，载《江汉论坛》2017 年第 1 期。

⑥　参见杨立新、王中合：《论网络虚拟财产的物权属性及其基本规则》，载《国家检察官学院报》2014 年第 6 期。

的相对独立性允许玩家与他人分享自己账号下的某些网络游戏账号权利。比如,某一个QQ账号权利人可在使用QQ聊天的同时允许他人用同一个QQ号登录WeGame平台上的网络游戏,或是不同的人使用同一个QQ号同时登录WeGame平台上的不同游戏。他们之间唯一的联系就是他们知道且使用的是同一个QQ账号和密码。网络游戏账号若是作为债权性权利,便于确定账号下各自网络游戏账号的权利义务范围,兼顾网络游戏账号内外部的权利关系。根据债权客体说,同一账号下的各网络游戏账号权利人彼此间平等,对运营商均享有部分债权,每个账号权利人根据自己对运营商的债权在一定范围内享受处置运营商的服务,谁都没有绝对的权利去干涉其他账号权利人。

相反地,物权客体说,不仅不适合调整用户与运营商间的关系,而且物权的基本属性就与这科技进步下新形式的"一号多用"有冲突。在"一号多用"中,由于同一个账号所注册的不同网络游戏账号的存在的基础是该原始账号,所以不同网络游戏账号的权利人使用的仍是原账号的账号及密码,原账号密码修改,所有的网络游戏账号密码随之发生变动。同样地,原账号若消失,由该账号所注册的不同网络游戏账号也随之消失。依情况讨论,第一,假设这同一账号下的每个网络游戏账号的玩家都有独立的物权,则每个人都享有排他的支配权,即对外排除他人的干涉而有权利人独占地享受物权利益的性质与效力,均可直接管领和控制这个账号。这意味着每个人都享有修改密码的权利,然而一旦修改密码,势必会干涉同一账号下其他账号权利人对该账号的使用,而同一账号下的全部账号权利人同时也享有排除他人干涉的绝对权利,不可避免地产生排除干涉权和支配权相对抗的矛盾,无法调和。第二,假设以玩家之间共有该账号来化解该矛盾,看似合理,但需回归前文所探讨的物权客体说存在的合理前提,即运营商与玩家共有该账号。这会使得运营商与账号下的所有玩家均共有该账号,导致将账号下的各个账号权利界限模糊,共有关系混乱,权利义务交叉。比如,某人用微信账号注册登录QQ游戏,并把该微信账号借给另一个人注册登录网易游戏,根据两公司的协议,所产生的网络游戏账号均归属于本公司所有,依据协议,腾讯公司取得QQ网络游戏账号所有权,网易公司取得网易网络游戏账号所有权。这两个网络游戏账号本为同一微信账号,在此情景下该账号的共有情况则成了腾讯公司、网易公司、微信公司与两个玩家共有该账号，如此之多的共有主体无疑使网络游戏账号关系复杂化，所受限制增多、司法成本增加，可操作性小。

（三）账号作为债权性权利不影响对其保护

有学者考虑到债的相对性，担心将账号视为用户对运营商的债权，在第三人侵犯债权时，不足以保护账号权利。《民法典》第1194条规定："网络用户、网络服务提供者利用网络侵害他人民事权益的，应当承担侵权责任。法律另有规定的，依照其规定。"此种侵权包括但不限于用户ID、网络游戏装备、电子邮箱使用权、网络空间使用权等。[7] 同时，《民法典》第593条规定："当事人一方因第三人的原因造成违约的，应当依法向对方承担违约责任。当事人一方和第三人之间的纠纷，依照法律规定或者按照约定处理。"因此，在第三人侵犯账号权利时，玩家可以选择请求运营商承担违约责任，也可以请求第三人承担侵权责任，维权途径有保障。

（四）基本结论

网络虚拟财产物权客体说，存在一定缺陷，不足以公平解释玩家与运营商的关系及"一号多用"下玩家间的关系。相比之下，债权客体说能够自圆其说，体现了网络游戏账号最根本的网络依附性，且不突破债的基本理念和债权的基本体系，也能很好地调整网络游戏账号的分享情况。出于对解释成本和实践操作可能性的考虑，应将网络游戏账号视为玩家对运营商的债权性权利。

二、网络游戏账号是可以转让的债权

前文已经论证网络游戏账号作为债权性权利会更贴近实际，则根据债权的相关法律判断玩家出售网络游戏账号的合法性。根据《民法典》第545条第1款规定："债权人可以将债权的全部或者部分转让给第三人，但有下列情形之一的除外：（一）根据债权性质不得转让；（二）依照当事人约定不得转

---

⑦ 参见全国人大常委会法制工作委员会民法室：《侵权责任法立法背景与观点全集》，法律出版社2010年版，第581页。

让;(三)依照法律规定不得转让。”只要不存在上述三种情况,运营商就应该在尊重玩家意思自治的前提下进行账号交易。目前,没有相关法律规定禁止网络游戏账号转让,则就前两点以及运营商以隐私权保护为由禁止的合法性进行探讨。

(一)网络游戏账号不属于依债权性质不得让与的债权

所谓依债权性质不得让与的债权主要是:(1)指债的当事人有人身或者“类人身”关系的债,如人身损害赔偿请求权;(2)基于信任关系而须有特定人受领的债权不得让与,如因代培、雇佣合同产生的债权;(3)基于合同的特性不能转让的债权,如演出合同、作画等产生的债权;(4)单独让与的从债权,如保证、定金等债权⑧。

1. 网络游戏账号不具有人身性或类人身性

专属于债权人自身的债权是基于扶养关系、抚养关系、赡养关系和继承关系所产生的给付请求权和劳动报酬、退休金、养老金、抚恤金、安置费、人寿保险、人身伤害赔偿请求等权利。显然网络游戏账号不属于该解释里的任何一项。有学者认为与身份信息绑定的账号就属于专属于债权人自身的财产。诚然,当前普遍要求网络账号实名制,但实名制是政府为方便管理追踪到账号背后的人所作的行政管理行为,并不能改变账号是基于玩家与运营商的服务合同产生的事实,并非人身关系所产生的债权,因此不能使账号具有人身属性。而且在现实中,账号的实际使用人与账号所绑定的身份消息所指向的人可以不是同一个人,玩家甚至可以逃避实名认证,但这些都不影响该账号法律关系的产生。

2. 网络游戏账号是否为基于信任关系而须有特定人受领的债权依情况判断

网络游戏会经历 3 阶段,即封闭测试、内部测试和公开测试。封闭测试时,不对外公开,没有玩家加入,主要是运营商的内部人员在技术上对游戏进行测试,这类的网络游戏账号属于运营商自己的账号,不属于本文讨论的玩家账号,故不赘述;公开测试时,网络游戏账号具有公众性,注册具有随意性,运营商是向全部人无差别地开放账号的注册登记,也未设置门槛来让特别玩

---

⑧ 参见江平:《民法学》(第 3 版),中国政法大学出版社 2016 年版。

家受领账号，每个人的权限是一致的，一个人甚至可以利用脚本注册上几百个账号。由此可见，公开测试阶段，网络游戏运营商并不是基于信任关系才与玩家订立合同。

主要问题在于内部测试的玩家账号上。所谓内部测试，是相对于公开测试而言的，就是游戏制作商、游戏代理商以及相关的策划人员对游戏的运行性能、游戏的文化背景以及游戏系统方面的问题进行技术阶段的全面测试。此阶段运营商会给予部分玩家账号。于是存在两个问题：一是运营商的部分给予是否意味着网络游戏账号属于运营商基于信任关系而给予特定人的债权？二是若属于的话，在进入游戏公开测试后，该网络游戏账号的属性是否会转化为可转让的债权？对于第一个问题，在运营商给予普通玩家网络游戏账号的情况下，互联网的开放性和虚拟性加大了对信任关系和特定人的认定难度。有些运营商是随机发放内测码，任何人只要凭借内测码就能进入游戏，进入内测后也未有特殊对待，这不属于基于信任关系而给予特定人的债权。而有些运营商对内测玩家的资质审核较严苛，会根据玩家的申请，要求其填写相关材料，并根据玩游戏的表现及材料进行评分，筛选合适的内测玩家，或是运营商基于信任关系而给予部分人有一定特权的网络游戏账号，比如无限虚拟货币等特殊权限。这些账号应属于基于信任关系而须有特定人受领的债权，因此属于不可转让的债权。对于第二个问题，笔者认为，内测账号在内测时期有着特殊的使命，即评价游戏的市场前景，而在游戏进入公测阶段后，内测账号特殊使命已经没有存在的背景基础了，若内测账号与公测账号已无区别，则表明信任关系已经不在，法律无须限制此类网络游戏账号的交易。但对于保留特殊权限的网络游戏账号，其信任关系依然存在，仍不可转让。

3. 网络游戏账号部分属于基于合同特性不能转让的债权

运营商会特别邀请某些知名主播或游戏代言人等来宣传游戏等，并给予其属性极佳的网络游戏账号来配合宣传。运营商与这些人的承揽合同便属于基于合同特性不能转让的合同，而网络游戏账号作为该承揽合同的主要部分，也属于基于合同特性不能转让的债权。而对于普通的网络游戏账号，游戏系统对于是谁来使用网络游戏账号并没有审核，也不会因为不同的使用者而区别对待，只要计算机前的人能够输入正确的账号和密码登录游戏，就能享受运营商提供的服务。网络游戏账号作为玩家对运营商的债权性权利,主体的变更并不会使双方给付内容改变,运营商依旧是向所有账号登录者提供相同的服务,新权利人行使债权的方法也仍然是在运营商设置的范围内操作相关系统,并未发生显著差异,更不属于为运营商增设了义务的不作为债权。

4. 网络游戏账号应是相对独立的债权

单独用于游戏的账号是独立的,这没有争议。问题在于,隶属于某一平台下的某一网络游戏账号或是“一号多用”下的网络游戏账号是否也是独立的债权?这两类网络游戏账号应属于该平台账号或是其他常用账号的部分权能,在技术上是可以将其分离出不同的登录端口和使用界面,所以网络游戏账号并非所谓的从债权。

(二)运营商禁止账号交易的条款无效

最影响玩家之间账号交易的应是运营商对于限制账号买卖的格式条款,经前文论述该条款缺乏物权基础。同时,由于排除用户对账号主要权利,免除自己保护账号的安全责任,在缔结合同时未能采取合理的方式提请玩家注意免责条款,也未向用户开放解释的途径,用户无处请求解释,应被视为无效条款,不应对用户产生法律约束力,则网络游戏账号不属于当事人约定不得转让的财产。

1. 运营商在缔约程序上违背诚实信用原则,滥用优势地位,对于免责条款不提醒也不说明

运营商在缔约程序上,向大众普遍开放了网络游戏账号的注册,自然是无法与每一个用户进行一对一的自由磋商。运营商与玩家的服务协议,均由运营商预先确定,玩家并不参与合同条款的拟定。玩家没有决定合同内容的自由,对合同全部条款只能表示全部接受或者全部不接受,完全没有与运营商就合同个别条款进行协商的余地。玩家虽然有订约自由,可以决定是否订立合同和选择合同当事人,然而网络游戏具有独特性,只此一家,别无分店,即使有类似游戏,但是所有的网络游戏的服务协议均是格式合同,均约定所有权归属于运营商所有,玩家即使选择其他家网络游戏,仍然无法与之协商。依据《民法典》第496条第2款规定:“采用格式条款订立合同的,提供格式条款的一方应当遵循公平原则确定当事人之间的权利和义务,并采取合理的方式提示对方注意免除或者减轻其责任等与对方有重大利害关系的条款,按照

对方的要求,对该条款予以说明。提供格式条款的一方未履行提示或者说明义务,致使对方没有注意或者理解与其有重大利害关系的条款的,对方可以主张该条款不成为合同的内容。"网络游戏运营商将账号约定为自己所有的,对转让的账号的安全概不负责。该条款属于免责的格式条款,但运营商并未能采取合理方式提请玩家注意该条款,也未开放途径让玩家能够提出解释说明的要求。同时,运营商也有意在模糊该条规定,使玩家依据一般逻辑,误以为自身培养的账号是归属于自己的财产。因为一旦为玩家所知,自己投入大量的时间和金钱的账号是属于运营商的,必将严重地打击玩家充值游戏的积极性,影响运营商的经济收入。

对于运营商的提请注意义务,运营商象征性地设置了玩家在服务协议上的最低停留时间,玩家只有在预定时间届满后才能点击同意。然而这预定的时间只有数十秒,显然是不足以使玩家认真浏览用户协议。同时,玩家深知自己并没有决定合同内容的自由,况且账号交易行为也未被运营商识别干涉处罚。大量的账号交易使专门的账号中介网站比比皆是,而运营商明知这些网站的存在,却未对这些中介网站追究责任,仍是继续对新账号权利人提供与前任账号权利人一样的游戏服务。因此,对于玩家而言,服务协议作用甚微。可见,用户协议不仅仅是"远距契约",而且是网络服务提供者通过程序设定自动作出意思表示的"虚拟交易",缔约过程实际上是用户对协议的单方附从。⑨

2. 运营商通过该条款排除用户对账号的主要财产权利,免除自己的保护责任

运营商稳定的寡头垄断地位不仅使缔约程序不公平,其所订立的用户协议也存在实质的不公平。如前文所说,运营商将账号约定为自己的所有物,用户对账号所投入的金钱时间心血也成了运营商的财产,而受益的运营商并不会根据公平原则给予用户补偿或是开放用户请求不当得利返还的渠道。这样的合同内容,违反诚实信用原则的要求,造成运营商权利重大且不合理的不平衡,排除了用户的主要权利。

同时,在新账号权利人购买账号后,运营商拒绝承认账号转让,不开放账

⑨ 参见梅夏英、许可:《虚拟财产继承的理论与立法问题》,载《法学家》2013 年第 6 期。

号权利转让渠道,不保护新账号权利人的账号安全,免除自己对账号的保护责任。一旦新账号权利人遭遇账号前权利人的申诉找回账号,便无法通过运营商直接找回账号。所谓申诉找回机制是账号权利人通过向运营商申诉,由运营商找回账号。当账号权利人在发现账号被他人盗取时,可通过该机制,填写系统所要求填写的相关信息及相关好友认证来证明申诉人确实是该账号权利人后,系统将该账号追回,交还申诉人。然而,不仅仅是现任账号权利人掌握这些相关消息,还有前任账号权利人。前任账号权利人都曾经在一定时间内拥有过该账号,同样能够凭借对账号的熟悉程度填写相关信息而成功申诉。由于运营商无视账号权利人发生变动,完全将号上所有的操作都认定为账号初始权利人所为,申诉者只要能够提供系统所要求的证据,系统就直接单方面判定申诉人为该账号的初始权利人。初始权利人只有一个,于是一旦认定某一人为初始权利人时,其他人自然丧失申诉权。可见,运营商是以服务协议条款和申诉找回机制,免除了自己对新账号权利人的安全保障责任。因此,运营商对限制账号交易的格式条款,符合《民法典》第497条第3项所称的无效情形,"提供格式条款一方不合理地免除或者减轻其责任、加重对方责任、限制对方主要权利",故服务协议中禁止网络游戏账号交易的约定属于无效条款。出于公平角度和实际情况考虑,网络游戏账号并不属于合同约定的不可转让的债权。

(三)运营商无权以保护隐私为由禁止用户买卖网络游戏账号

网络游戏账号其中所包含的信息有很大一部分是用户不愿意为他人所知晓的,比如私密的网友关系和聊天记录。在服务协议的隐私条款中,运营商以保护隐私为由而禁止买卖账号,实际是剥夺了玩家对隐私的支配权。

账号权利人对自己的隐私是否向他人公开以及公开的人群范围和程度等具有决定权。账号权利人决定出卖自己的网络游戏账号时,是明确意识到自己的隐私可能随着交易而暴露给买家,但允许买家知晓。这是账号权利人在根据自己的自由意志合法行使隐私支配权的行为,运营商不能越俎代庖。

三、结语

网络游戏账号应属于玩家对运营商的债权性权利。其中,有3种网络游戏账号属于不可转让的债权:一是内测时期玩家通过运营商严苛审核审定后获得的网络游戏账号;二是运营商给予特殊权限的账号;三是由于合同特性不能转让而获取的游戏账号。在无其他禁止转让债权的条件出现前,出于鼓励交易、尊重现实、充分利用社会资源的目的,笔者认为法律须明确对网络游戏账号交易的允许,要求运营商调整服务协议及服务内容,帮助账号债权完成转让,保护新账号权利人的账号安全,以符合民众的普遍合理期待。

The Research on the Legitimization of Online Game Account Trade

Lin Qian

Abstract: Online game accounts conflict with the basic nature of property right. It is reasonable for them to act as creditor's right and it is suitable for widely accepted viewpoints and practice. Therefore, the trade of online game account does not conform to the Article 545 of *Civil Code*. The operators cannot impinge on players' right of controlling privacy power by forbidding online game account trade. In order to encourage trade, players should be allowed to transfer the possession of game accounts freely, and operators have obligation to protect game account trade.

Key words: Creditor's Rights; Invalid Standard Clauses; the Right of Controlling Privacy

《西南法律评论》(第5卷·总第34卷)
第84~101页

不动产登记错误损害赔偿案件的类型化研究

——以登记机构赔偿责任为中心

李一璇*

摘　要:《民法典》第222条第2款(原《物权法》第21条)规定了不动产登记机构在登记错误的情况下应承担赔偿责任,但并没有明确责任的性质和构成要件。涉及该条的案例中呈现多种错误的形态,也体现了裁判的不统一,应把握其保护物权公示信赖利益的规范意旨,区分纯粹经济损失的赔偿和绝对权侵害赔偿的不同保护力度。案例还呈现行政责任定性的优势倾向,但适用行政责任在程序运作、过错认定和赔偿范围均存在一定的问题。同时,登记机构具有向第三人追偿的权利,此处涉及提供虚假材料的第三人与登记机构之间责任形态的问题,考虑到登记机构在没有共同故意的情况下可能具有的过错、登记机构承担责任的能力和当前的诚信环境,认定登记机构在有过错的情况下承担按份责任恰为合理。

关键词:登记机构;不动产错误登记;行政责任;纯粹经济损失

* 中国人民大学2018级法律硕士研究生。

一、引言

不动产登记制度是建立和完善物权法律制度的基础。[①] 在《中华人民共和国民法典》(以下简称《民法典》)"物权编"中,不动产登记的内容位于第一分编第二章第一节,作为不动产物权设立、变更、转让和消灭的核心而存在。在引起物权变动的法律行为领域,除了特定的例外情形,不动产物权的设立、变更、转让和消灭,若未经登记,不发生法律效力,即一般情况下,登记是不动产物权变动的生效要件。[②] 不动产登记作为物权变动的重要环节,对当事人之间的权利及义务具有重要影响。登记簿上记载的内容承担着保护交易安全、维护公示公信所承载的信赖利益的重任。但现有的法律规则并未对不动产登记错误的责任予以明确、清晰的规定,由此带来了裁判适用的疑难。

本文试图基于案例研究,对不动产登记错误进行类型化梳理并尝试分析总结判决中体现的问题,以期为裁判意见的规范统一和不动产登记制度的完善提供建议。

二、不动产登记错误赔偿案件中责任形式的类型划分

不动产登记是民事行为还是行政行为,适用民事责任还是行政责任,是提起民事诉讼还是国家赔偿之诉,在学界多有争论。很难否认,围绕当事人私法权利展开的登记行为以当事人之间的合意为基础,发生物权变动司法上的法律效果,是民事法律行为的一部分。但将不动产登记认定为行政行为亦有其合理性。其一,登记事项不限于物权变动领域,登记错误并不一定涉及权利变动。其二,权利的公示不等同于权利的真实归属。登记行为作为一种公示行为,仅仅起到证明某种权利归属的作用,而不是权利创设行为,不能对

① 参见胡康生等主编:《中华人民共和国物权法释义》,法律出版社2007年版,第57页。

② 参见崔建远:《物权法》(第2版),中国人民大学出版社2011年版,第46页。

相对人和第三人之间的特定权利进行确权或裁决,其本身不直接使申请人获得权利。③ 其三,不动产登记具有明显的行政管理色彩,例如建筑用地使用权等土地使用权的授予和登记。基于我国长期以来的制度安排,把登记错误产生的损害赔偿责任定性为国家赔偿责任,不会造成与理论的重大冲突。

从目前的实务情况来看,我国的不动产登记赔偿责任多采用国家赔偿的模式,在有的案件中,当事人若提起民事诉讼,法院会以不属于民事诉讼的范围为由来驳回当事人的诉讼请求。④ 然而,值得注意的是,最高人民法院审判的德州市陵城区人民政府等诉信达金融租赁有限公司等融资租赁合同纠纷案,认可了国土局在手续不全的情况下为土地办理抵押登记,抵押权可能不能实现而造成损失问题时,应根据原《中华人民共和国民法通则》(以下简称《民法通则》)第121条、《中华人民共和国土地管理法》第78条和原《中华人民共和国物权法》(以下简称《物权法》)第21条第2款(现规定在《民法典》第222条第2款中)来承担民事责任。⑤

由此,基于裁判的不统一,不动产登记错误赔偿案件可根据责任形式和诉讼类型划分为民事诉讼和国家赔偿诉讼,二者具有以下区别。

第一,赔偿范围问题。根据《中华人民共和国国家赔偿法》(以下简称《国家赔偿法》)第36条第8项"对财产权造成其他损害的,按照直接损失给予赔偿"的规定,国家赔偿责任只对直接损失进行赔偿,与原《中华人民共和国侵权责任法》贯彻的"完全赔偿"责任不一致,由此导致国家赔偿诉讼比民事诉讼赔偿范围小。

第二,程序上的难易问题。在国家赔偿诉讼中,最高人民法院《关于审理行政赔偿案件若干问题的规定》第21条对赔偿请求人单独提起行政赔偿诉

③ 参见姚辉:《不动产登记机构赔偿责任》,载《法学》2009年第5期。

④ 参见盘锦市住房和城乡建设委员会与李某某不动产登记纠纷案,辽宁省盘锦市中级人民法院(2015)盘中民终字第00227号二审民事裁定书;福建省寿宁景山国有林场、寿宁县茗溪综合开发试验区管理委员会建设用地使用权出让合同纠纷案,福建省宁德市中级人民法院(2019)闽09民终580号二审民事裁定书;肖某与延吉市房产管理中心、中国房地产开发集团延吉有限公司虚假登记损害责任纠纷案,吉林省延边朝鲜自治州中级人民法院(2019)吉24民终72号二审民事裁定书;重庆市涪陵区金石小额贷款股份有限公司与石柱县国土资源和房屋管理局虚假登记损害责任纠纷案,重庆市第四中级人民法院(2017)渝04民终418号二审民事裁定书。

⑤ 参见德州市陵城区人民政府等诉信达金融租赁有限公司等融资租赁合同纠纷案,最高人民法院(2016)最高法民终480号二审判决书。

讼的案件规定了具体的起诉条件,其中第 4 项规定,“加害行为为具体行政行为的,该行为已被确认为违法”。由此,在一些案例中,法院要求当事人首先申请确认具体行政行为违法,一些案例中登记机构的撤销行为可当然作为违法的证明,但是也有不少情形需要当事人先行确认行政行为违法或申请撤销相应的行政行为,而不能直接提起赔偿诉讼。根据《国家赔偿法》第 9 条第 2 款,“赔偿请求人要求赔偿,应当先向赔偿义务机关提出,也可以在申请行政复议或者提起行政诉讼时一并提出”,当事人进行诉讼时,还需遵循行政复议和行政诉讼的一系列关于诉讼时效和程序的规定,相对于民事诉讼来说,是较复杂的。

第三,登记机构过错的认定。《国家赔偿法》第 2 条规定,“国家机关和国家机关工作人员行使职权,有本法规定的侵犯公民、法人和其他组织合法权益的情形,造成损害的,受害人有依照本法取得国家赔偿的权利”,原则上明确了我国国家赔偿规则原则使用的是违法归责原则。⑥ 但适用这样的归责原则会产生两点问题,一是如果登记机构工作人员不存在违法情节,在法律允许范围内存在过失或者故意,此种情况怎么认定?二是若只要撤销之前的登记结果都可推定为违法,若此时机构工作人员在整个登记环节不存在过错,登记机构是否还要承担责任?对此,违法归责原则并不能给出明确指引和合理解释。

不动产登记损害赔偿责任的归责原则,不是经法律特别规定的无过错责任或过错推定责任,在民事诉讼和国家赔偿诉讼中都应当适用统一的过错责任,⑦适用过错责任原则相较于违法归责原则,更有利于处于劣势地位的受害人的保护。

从登记机构审查标准的角度进行衡量,采过错原则也是较合理的。有学者认为登记机构原则上只能承担形式审查义务,从可行性上分析,登记机构根本无法对所有申请进行实质审查,从法理出发,登记本身具有“权利正确性推定原则”,⑧而实质审查要求的却是记载内容完全真实,加之不动产物权公

⑥ 参见杨小君:《国家赔偿的归责原则与规则标准》,载《法学研究》2003 年第 2 期。

⑦ 参见杨立新:《论不动产错误登记损害赔偿责任的性质》,载《当代法学》2010 年第 1 期。

⑧ 参见乐俊刚:《行政附带民事诉讼在不动产登记案件中面临的困境及选择——以全国首例行政附带民事诉讼案为分析对象》,载《政治与法律》2012 年第 3 期。

示本身促进交易迅捷、减少交易成本的价值目标,采过错责任于法于情更为合理。最重要的一点在于,若登记机构负担实质审查义务,实质上必须承担严格责任。实质审查义务和严格赔偿责任结合起来,会给登记机构带来较大负担。首先,登记机构若承担一般的民事赔偿责任,作为具有公共服务性质的非营利性机构,不具有相应的经济实力;其次,若采国家赔偿,国家赔偿作为限制性赔偿不能满足当事人的完全期待,且承担过多的赔偿费用的最终结果是向纳税人转嫁费用,使登记费用增高。最后,在当前我国的信用环境中,虚假材料登记现象很多,如果对登记机构加以太多的责任和义务上的要求,会使登记机构无法正常运转,不利于登记制度的长期完善。⑨

三、不动产登记错误赔偿案件中责任主体及责任形态的类型划分

从责任主体及责任形态来看,在不存在提供虚假材料的申请人之时,仅登记机构承担相应的责任;在既有提供虚假材料的申请人,又有登记机构的错误之时,涉及二者之间是否具有共同故意和相应的责任形态及追偿关系。

在登记机构与申请人之间存在恶意串通的情况下,根据《民法典》"侵权责任编"第 1168 条,双方应当承担连带责任。最高人民法院《关于审理房屋登记案件若干问题的规定》第 13 条亦规定了"房屋登记机构工作人员与第三人恶意串通违法登记,侵犯原告合法权益的,房屋登记机构与第三人承担连带赔偿责任"。

在双方不具有共同故意时,裁判中体现的申请人和登记机构之间的责任分担的关系是比较混乱的,不存在一个统一的标准,有的体现为按份责任,有的体现为连带责任,有的体现为不真正连带责任。

首先,双方之间不应当适用连带责任。连带责任是法定责任,必须有法律的明文规定,在双方没有共谋的故意时,不应当使用连带责任。

其次,双方之间不应当是不真正连带责任。有学者认为不动产错误登记

⑨ 参见朱岩:《形式审查抑或实质审查——论不动产登记机关的审查义务》,载《法学杂志》2006 年第 6 期。

损害赔偿责任是不真正连带责任。⑩ 生产者和销售者之间的不真正连带责任是不真正连带责任的典型，生产者和销售者基于各自不同的原因对被侵权人承担赔偿责任，且各负全部赔偿责任，无论是向生产者请求赔偿，还是向销售者承担赔偿，各负全部赔偿责任。⑪ 在不真正连带责任中，事实上存在一个终局担责的主体，是生产者或有过错的消费者，二者的归责形态根据其在产品提供环节中的不同作用来确定，生产者应该承担更严格的责任，但销售者作为市场盈利主体在易发生道德风险的情况下也应承担过错责任。此时，既可以向销售者请求赔偿，也可以向生产者请求赔偿，对消费者来说，能实现较全面的保护。而对于不动产登记而言，登记机构作为不偏不倚的中立人，并不是产品提供者的角色。如果适用不真正连带责任，若最终的追偿没有实现，即先行垫付的主体还要承担很大的风险，且很多情况下受害人都是在无法实现民事救济、提供虚假材料的人无可供执行的财产等情形下，才转而寻求国家赔偿救济，若此时让登记机构全额赔偿，在当前的信用环境下，无疑会对登记机构造成较大负担。加之登记机构的国家赔偿责任和提供虚假材料的申请人的民事赔偿责任在赔偿范围上具有一定的差异，国家赔偿仅限于直接损失，适用不真正连带赔偿在现实中具有一定的操作难度，而适用按份责任可以确定不同的赔偿份额，准确评价登记机构和提供虚假材料的申请人各自的过错。故笔者认为，在二者没有共同故意时，应当适用的是按份责任，而不能肯定登记机构在自己应当承担的责任份额内向提供虚假材料人进行追偿。

最后，让登记机构承担按份责任对规范登记行为、促使登记机构审慎行使职权具有相当的意义。有学者认为，在登记机构的工作人员没有故意，仅是未尽到合理审慎的审查职责时，让其承担按份责任亦有不妥。因为从结果上看，如果登记机构承担的是按份责任，其向申请人追偿的份额仅是全部责任的部分份额，实际上将会引发“直接侵权人可以部分保持其获得的不法利益”的结果，违背公平正义的法律原则。⑫ 事实上，让登记机构承担按份责任

⑩ 参见杨立新：《论不动产错误登记损害赔偿责任的性质》，载《当代法学》2010 年第 1 期。

⑪ 参见高圣平：《论产品责任的责任主体及归责事由——以〈侵权责任法〉“产品责任”章的解释论为视角》，载《政治与法律》2010 年第 5 期。

⑫ 参见刘保玉：《不动产登记机构错误登记赔偿责任的性质与样态》，载《中国法学》2012 年第 2 期。

是具有一定的意义的,如果对登记机构的损害赔偿责任适用过错归责原则,则其在具有过错的情形下应当分担一定的责任,是具有合理性的,否则达不到以担责来惩罚和示警的效果。最高人民法院《关于审理房屋登记若干问题的规定》第12条也有所规定:“申请人提供虚假材料办理房屋登记,给原告造成损害,房屋登记机关未尽合理审慎职责的,应当根据其过错程度及其在损害发生中所起作用承担相应的赔偿责任。”可以看出,在这种混合过错的情形下,要求登记机构根据其过错的程度承担一定的按份责任是合理的。且仅有部分案件存在提供虚假材料的申请人,相当多情形下只存在登记机构的过错,如果不承认登记机构的责任承担,则会使受害者求索无门,违背立法初衷。考虑到如果要求登记机构分担责任会使提供虚假材料的恶意第三人因此获利,在具有恶意第三人的情形下,应当设置特别条款,允许登记机构向其追偿,或在第三人具有全额赔偿能力的情况下承担全部责任。不能因为此种情况可能引发的恶意第三人的部分责任逃逸,而否定登记机构在过错情况下的责任承担。

从案例上看,登记机构所承担的责任的份额在10%～70%,其承担责任份额的分布如图5所示:

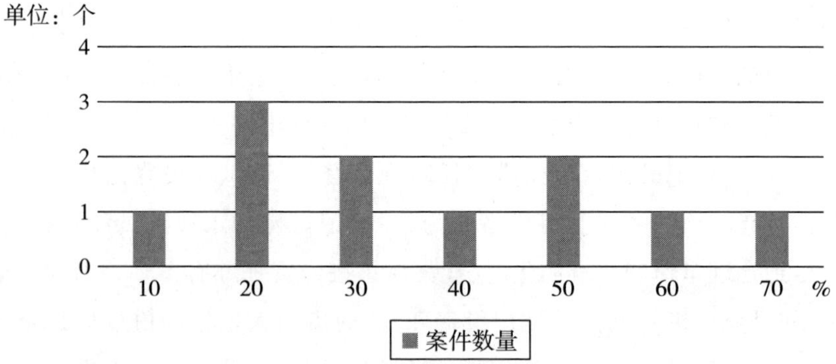

图5　登记机构承担责任份额分布

在这些案件中,对于登记机构所承担的份额及追偿的问题,有的仅提出了相应的份额,没有肯定登记机构对申请人的追偿;有的判决登记机构仅承担自己份额内的责任,并可以在其份额内向申请人追偿,即最终的责任由申请人承担;有的判决登记机构先行承担所有的责任,之后对申请人应该承担的份额向申请人追偿。笔者认为,在登记机构和申请人具有共同故意的情形下，应当承担连带责任，法院应判决受害人有权向登记机构主张全部的赔偿责任，登记机构在承担了赔偿责任后，有权对自己责任范围以外的部分向申请人追偿；在登记机构和申请人不具有共同故意的情形下，如果登记机构具有错误，应当承担的是按份责任，且仅对自己份额以内的部分进行赔偿，且对该份额以内的赔偿无权向申请人追偿。

由于存在行政责任的责任形式，在涉及行政主体和民事主体的混合侵权案件时，则会产生如何确立侵权赔偿诉讼形式的问题。

在存在连带责任的情形下，应当肯定受害人自主选择的权利，或以民事侵权主体为被告提起民事诉讼，或以行政侵权主体为被告提起行政诉讼，一方承担责任后可向另一方进行追偿。

在承担按份责任的情形下，涉及行政行为是否违法的认定问题，应当进行分案处理。关于行政赔偿，应在对行政行为的合法性进行审查之时一并解决，之后对民事赔偿的部分另行提起民事诉讼。在适用分案处理时，为了确认行政主体和民事主体所承担责任的比例，应根据最高人民法院《关于审理行政赔偿诉讼案件若干问题的规定》第 14 条的规定，将申请人作为无独立请求权的第三人参加行政赔偿诉讼。⑬

在行民混合侵权的案件中，存在行政赔偿诉讼、行政行为违法确认之诉、民事赔偿诉讼程序形式的交叉和并行。在程序上如何适用，基于法理价值上定酌的两难、法律规定的不足和司法程序对接上的困难，不存在一套既灵活又完善的解决方案。⑭ 妥善处理此类案件，关键是法院应当在审理中遵循两项基本原则：一是遵循判决的既判力原则，行政损害赔偿诉讼标的应当受民事判决的效力约束，民事判决亦应受行政诉讼结果的约束，以实现责任划分上的统一。二是禁止双重赔偿原则，行政主体和民事主体应当承担的份额累积不能超过受害人实际损失的数额。⑮

---

⑬ 参见许旭东、章宝晓：《现行审判格局下行政民事混合侵权赔偿案件的处理》，载《法律适用》2014 年第 12 期。

⑭ 参见王振湘：《行政民事混合侵权的赔偿责任研究》，武汉大学宪法学与行政法学系 2017 年硕士学位论文，第 38 ~ 41 页。

⑮ 参见王霖华：《与民事损害赔偿责任混合的行政不作为损害赔偿责任探微》，载《法律适用》2008 年第 9 期。

四、不动产登记错误赔偿案件中侵害客体的类型划分

(一)不同侵害客体下不动产登记赔偿责任的准确定位

1. 纯粹经济损失的存在空间

不动产登记错误损害赔偿之债本质上是侵权之债,须符合侵权责任的构成要件。由此,在损害事实的分析中,须讨论发生的损害事实的性质以及相应的侵害客体。

笔者在案例检索中,发现不动产登记错误损害不限于对物权的侵害,还表现为由于登记错误造成的纯粹经济利益的损失。

"纯粹经济损失",系指非因人身或所有权等权利受侵害而产生的经济或财产损失。在对绝对权的侵害之外,其他经济利益的损失即为纯粹经济损失。⑯

根据原《民法通则》第 106 条第 2 款的规定,"公民,法人由于过错侵害国家的、集体的财产,侵害他人财产、人身的应当承担民事责任",对"财产"应作包含并不限于财产权的广义理解,将其文义理解为"行为导致他人发生财产、人身损失的,应当承担民事责任",更符合立法的本意。⑰ 但对于如何理解"财产"确切的范围,能否认定为一般性的纯粹经济利益,学界仍有争议,⑱但可以达成共识的是,对财产的侵害绝不严格限于对绝对权的侵害。

根据《民法典》第 1164 条的规定,"侵权责任编"调整因侵害民事权益产生的民事关系,这里使用的是"民事权益"而非"民事权利"的概念,体现了民法典在保护范围上的开放性和包容性,继承了原《民法通则》第 106 条第 2 款开放式的模式,使纯粹经济损失在整体上得以纳入法律保护的范围。《民法

⑯ 参见王泽鉴:《侵权行为法》,北京大学出版社 2009 年版,第 296 页。

⑰ 参见张新宝、张小义:《论纯粹经济损失的几个基本问题》,载《法学杂志》2007 年第 4 期。

⑱ 参见朱广新:《论纯经济上损失的规范模式——我国侵权行为法对纯粹经济上损失的规范样式》,载《当代法学》2006 年第 5 期;张民安:《过错侵权责任制度研究》,中国政法大学出版社 2002 年版,第 623 ~ 624 页;张谷:《作为救济法的侵权法,也是自由保障法——对〈中华人民共和国侵权责任法(草案)〉的几点意见》,载《暨南学报(哲学社会科学版)》2009 年第 2 期。

典》第222条第2款规定的不动产登记错误而产生的损害赔偿责任，本质上也是侵权责任，应在《民法典》“侵权责任编”的调整之下。

但是，对于侵害不动产物权的赔偿和侵害纯粹利益的赔偿不能等同对待。如何对不动产登记损害中的纯粹经济利益的赔偿确定一个低保护程度，是目前司法实践中应当关注和解决的问题。

2. 不动产登记错误损害赔偿条款的体系位置与纯粹经济损失赔偿范围的呼应

从体系上考察，不动产登记错误损害赔偿条款位于《民法典》“物权编”第一分编第二章“物权的设立、变更、转让和消灭”第一节“不动产登记”下，立法者应将不动产登记错误损害赔偿责任发挥作用的领域限缩在物权变动领域，当造成的损害应是由物权变动不当引起的，受害人才可以获得损害赔偿。

明确不动产登记错误赔偿责任的定位，将保护范围限缩在不动产变动环节，是确定纯粹经济利益损失低保护程度的路径之一。通过案例可以看出，对纯粹经济利益损失的侵害，多数不涉及物权变动的错误，而是表现为承租人、债权人权益侵损等形式，其不应被纳入不动产登记错误损害赔偿的范畴，否则会导致合同之债对侵权之债的不当扩张。

3. 不动产登记错误时对纯粹经济损失构成要件的认定

在故意的过错要件下导致纯粹经济损失，应当予以赔偿。在过失的情形下是否赔偿，英美法采取了保守的态度，确立了“过失致人纯粹经济损失不予赔付规则”⑲。这样的制度安排引发了不少诟病，随着案例的进展亦发生规则的松动。对过失造成的纯粹经济损失采取“一竿子打死”的态度，不能满足科学立法的发展需求，但在过失的情形下是否赔偿纯粹经济损失应当予以更为审慎的考虑，综合过失程度、侵权人特性、损害后果、社会影响等因素进行判定。对侵权责任是否成立的酌定空间，主要在于过错和因果关系的要件上。同理，对于因果关系的构成要件，在造成纯粹经济损失时，基于受损权益——

⑲ 满洪杰：《论纯粹经济利益损失保护——简评〈侵权责任法〉第2条》，载《法学论坛》2011年第2期。

金钱利益这一传导路径和绝对权损害的同一性,[20]在把握同一的判断规则的同时应进行更为严格的认定。

(二)对物权的损害

1.不动产被第三人善意取得而遭受损失

此类损失可分为两类:第一为共有人处分类型,[21]第二为共有人之外的主体将房屋移转给善意第三人。一般表现为共有人或第三人对本人的无权代理,或是由于登记机构先前的登记错误,致使权属信息与真实所有人不一致,从而给被登记为所有人的第三人转卖房屋提供便利。[22]

归纳可见,在不动产登记错误的赔偿案件中,支持善意取得,需要善意第三人对登记的权利状态产生一定的信赖,以此来理解"无处分权"的含义,即"登记簿"错误是适用不动产善意取得的前提条件,须并非房屋真实所有人的登记权利人将不动产转让给他人。[23] 如果提供虚假材料的第三人是占用房屋的人,而非登记权利人,不具有相应的"权利表象度",在这种情况下认定善意取得,会发生这样的混乱,即任意人都可伪造相应的材料出售真实权利人的房屋。在我国登记制度尚不完善的情况下,普遍承认买受人的善意取得无疑会加剧真实权利人承受的风险。故因不动产的登记错误而触发善意取得,须满足登记权利人为无权处分人的条件。

2.登记错误致使抵押权实现不能

在案例中具体表现为以下情形:

(1)标的物登记错误。例如,在该案中,登记抵押的不动产和实际位置出

---

[20] 参见潘玮璘:《构建损害赔偿法中统一的可预见规则》,载《法学家》2017年第4期。

[21] 参见郑州市住房保障和房地产管理局、中国银行股份有限公司郑州新区支行城乡建设行政管理:房屋登记管理(房屋登记)案,郑州市中级人民法院(2017)豫01行终216号二审行政判决书;李某某与如皋市住房和城乡建设局认为具体行政行为侵权案,南通市中级人民法院(2011)通中行终字第0121号二审行政判决书;赵某某与大连金州新区土地房屋局行政赔偿案,大连市中级人民法院(2014)大行终字第21号二审行政判决书。

[22] 参见胡某某、刘某等与武汉市新洲区国土资源和规划局城乡建设行政管理:房屋登记管理(房屋登记)案,武汉市新洲区人民法院(2018)鄂0117行初25号一审行政裁定书。

[23] 参见程啸:《论不动产善意取得之构成要件——〈中华人民共和国物权法〉第106条释义》,载《法商研究》2010年第5期。

现错误，导致权利人通过案外人执行异议排除强制执行。[24]

（2）原告在实现抵押权时，因抵押土地存在瑕疵无法处置而造成损失。如在土地出让手续不全情况下，政府向抵押人颁发国有土地使用证，国土局也为该土地办理了抵押登记，致使抵押权人信赖抵押权有效成立，[25]以及登记机构以土地证无登记档案撤销房产登记导致抵押房产无法执行。[26]

因为登记错误，导致抵押权人信赖抵押权的产生和特定情形下顺利实现的可能性，而之后却因此前的程序瑕疵导致抵押权无法实现，此时，不应当认定为抵押权的消灭。根据《民法典》第 393 条的规定，担保物权的消灭事由有主债权消灭、担保物权实现、债权人放弃担保物权以及法律规定的其他情形。在抵押权赖以存在的土地使用权被收回时，应认定抵押权并未因此消灭，只是原抵押权的标的物无法顺利实现，进而产生抵押权的侵害损害赔偿之债。

（3）第三人用虚假材料办理抵押登记，此处涉及是否存在真实的抵押物和能否善意取得抵押权的问题，[27]与不动产的善意取得具有相似的理论分析，须考察设置抵押权的第三人是否为“权利簿”上的表象权利人。

---

[24] 参见湖北麻城农村商业银行股份有限公司诉陶某某等案外人执行异议之诉案，湖北省黄冈市中级人民法院（2017）鄂 11 民终 1248 号判决书。

[25] 参见德州市陵城区人民政府等诉信达金融租赁有限公司等融资租赁合同纠纷案，最高人民法院（2016）最高法民终 480 号二审判决书。

[26] 参见故城县自然资源和规划局、韩某某资源行政管理案，河北省衡水市中级人民法院（2019）冀 11 行终 36 号二审行政裁定书。

[27] 参见武威大富豪典当有限公司与永昌县不动产登记管理局行政登记赔偿案，甘肃省金昌市中级人民法院（2019）甘 03 行赔终 1 号行政判决书；申某某与菏泽市住房和城乡建设局行政登记赔偿案，山东省菏泽市中级人民法院（2014）菏行终字第 115 号二审行政判决书；上诉人刘某某、永州市零陵区自然资源局不动产登记及行政赔偿案，湖南省永州市中级人民法院（2019）湘 11 行终 97 号二审行政判决书；杜某与被黑龙江省农垦红兴隆管理局住房和城乡建设局、第三人杨某某、马某房屋行政登记及行政赔偿案，黑龙江省农垦中级人民法院（2016）黑 81 行终 4 号二审行政判决书；严某某与广西壮族自治区东兴市房产管理局城乡建设行政管理案，广西壮族自治区防城港市中级人民法院（2015）防市行终字第 26 号其他行政判决书；柳河县丰裕小额贷款有限责任公司与柳河县住房和城乡建设局其他行政侵权赔偿纠纷案，吉林省通化市中级人民法院（2018）吉 05 行赔终 1 号二审行政判决书；重庆市涪陵区金石小额贷款股份有限公司与石柱县国土资源和房屋管理局虚假登记损害责任纠纷案，重庆市第四中级人民法院（2017）渝 04 民终 418 号二审民事裁定书；刘某诉南昌市住房保障和房产管理局城乡建设行政管理案，南昌铁路运输法院行政判决书（2019）赣 7101 行赔初 80 号行政赔偿判决书；上高县房地产管理局与罗某某追偿权纠纷案，江西省上高县人民法院（2019）赣 0923 民初 454 号一审民事判决书；郑州市住房保障和房地产管理局、王某某城乡建设行政管理案，河南省郑州市中级人民法院（2019）豫 01 行赔终 4 号行政赔偿裁定书。

(三)对纯粹经济利益的损害

1. 土地使用权、房屋所有权登记被撤销

此种情形一般是在土地使用权、房屋所有权实现移转登记后,又因之前的“错误”登记而被撤销。[28] 此类案件的共同焦点是法院并没有承认房屋买受人的善意取得,原因在于没有相应的权利表征,提供虚假材料出售房屋的第三人不是登记簿上登记的具有物权的人。提供虚假材料的第三人和登记机构侵犯的不是当事人的物权,登记之后又被撤销,此时难谓买受人获得了相应的所有权,其并非不动产的真实权利人,被侵犯的是对物权的期待权,受到的损失是纯粹经济利益的损失。

在许昌市国土资源局与寇某某追偿权纠纷案中,[29]段某未能善意取得房屋所有权,但法院不仅支持了其为购买房屋所支付的对价的赔偿,还支持了其房屋被撤销之后所涉及的租房费用的损失,其反映的是对绝对权的保护力度,即不限于直接损失,还保护嗣后发生的间接损失。

本案的直接损失和间接损失都得到了赔偿,这样的认定具有不合理之处。对于直接损失来言,其获得完全赔偿不成问题,但建立在可能性基础上的间接损失具有可赔偿性的前提条件是这种可能性“必然要发生”。[30] 首先,本案的租房费用是否必然要发生？若要考量损失的必然发生性,就不能在当事人提出请求的情况下直接予以认定。其次,本案侵害的不是绝对权。段某未实现对房屋的善意取得由此所有权登记被撤销,该房屋应被认定一直归属于真实权利人,而段某获得的所有权登记不能对抗真实权利人的物权,起不到物权效力,段某丧失的不是房屋所有权,而是基于完全履行合同所获得的期待利益。对这种纯粹经济利益的保护程度不应当等同于绝对权的保护,一方面应在赔偿范围上予以合理限缩,另一方面应在因果关系的认定上把持更严的态度。

---

[28] 参见刘某诉开县国土资源和房屋管理行政赔偿案,重庆市第二中级人民法院(2016)渝02行赔终7号行政赔偿判决书,重庆市高级人民法院(2017)渝行赔申21号行政裁定书。许昌市国土资源局与寇某某追偿权纠纷案,河南省许昌市魏都区人民法院(2019)豫1002民初174号民事判决书

[29] 参见许昌市国土资源局与寇某某追偿权纠纷案,河南省许昌市魏都区人民法院(2019)豫1002民初174号民事判决书。

[30] 参见覃有土、晏宇桥:《论侵权的间接损失认定》,载《现代法学》2006年第4期。

2. 重复预告登记

此种类型登记机构在房屋已经办理了预告登记的情况下，未对登记情况进行严格审查，又进行了重复登记，[31]由此导致预告登记功能失效，使先进行预告登记的房屋购买人不能获得标的房屋的所有权。

在两起案例中，法院承认了登记机构的过错，支持了确认登记行为违法的请求，但没有支持赔偿经济损失的请求，认为会造成重复赔偿。

事实上，合理的路径是对登记行为和当事人损失之间的因果关系进行判断，如果登记机构已经被确定有过错，其登记行为客观上给当事人带来了损害，不论是不是绝对权的侵害，二者之间确有因果关系，当事人应当得到登记机构的赔偿。登记机构不能以“重复赔偿”为由逃避责任的承担，只需控制当事人获得赔偿的总额，如登记机构先行赔偿，则应当在向开发商索赔时扣除已获赔偿的份额，同时登记机构在自己应当承担的份额外对提供虚假材料的开发商享有追偿权。

3. 查封登记录入错误

此种类型表现为一起特殊的案例，由于查封登记的终止日期错误，导致以房抵债的协议不能履行，由此原告请求登记机构赔偿债务人不能偿还的债款、其为清除上一个查封登记而帮债务人偿还的对其他人的债务及支付的腾空费、安家费、房屋契税等费用。[32] 对此，法院认为：“本案中，邹城市不动产登记中心对案涉房屋第一轮候查封登记录入时的错误未及时发现并予以更正的行为并没有必然导致原告韩某某、邵某某现有财产的直接损失或可得利益的减损，而是原告基于自己的主观预期，与第三人班某某及案外人张某某签订了房屋抵债、过户及出资解封协议才直接导致其现有财产的减损，与被诉查封登记行为实际上是一种间接因果关系，由此产生的损失为间接损失，不是直接损失。”

---

[31] 参见绵阳开元磁性材料有限公司与咸阳市住房和城乡建设规划局行政管理案，陕西省咸阳市中级人民法院(2018)陕04行终42号二审行政判决书；邓某某、杨某等与陆良县住房和城乡建设局城乡建设行政管理案，云南省曲靖市麒麟区人民法院(2018)云0302行初23号一审行政判决书。

[32] 参见韩某某、邵某某与邹城市自然资源和规划局行政登记赔偿案，山东省邹城市人民法院(2018)鲁0883行初90号一审行政判决书。

首先,法院承认了原告具有可得利益的减损;其次,法院认为原告是基于自己的主观预期才支出了这些费用,二者不具有直接因果关系;最后法院认为登记机构不应当承担赔偿责任。但综合本案来看,一系列事件的因果关系如图6所示。

图6　韩某某案案件事实因果链条

法院认为,A与D之间存在B的介入因素,由此产生的间接因果关系下的间接损失不须赔偿。其认定理由存在一定的问题:第一,间接损失使用何种认定标准尚不清晰,是以损害标的还是以损害对象为区分标准,还是以直接因果和间接因果关系的连接来认定。且以间接和直接来讨论因果关系,区别标准尚有疑问。[33] 第二,A与D之间具有相当的因果关系。以房抵债的协议虽是在当事人的意思自治范畴内,原告完全可以拒绝债务人以房抵债的协商,但其正是基于对登记机构查封登记信息的信赖,才同意了以房抵债,在查封登记中共有两个信息,一个显示日期已经过,另一个还处于有效状态,原告帮助债务人偿还了其对于上一个查封申请人的借款,可以看出原告的态度较审慎,检查了登记信息,并比较了以房抵债所带来的经济利益和拒绝以房抵债情况下债务人的偿债能力,其作出以房抵债的意思表示是基于理性人的判断,即以房抵债可以使原告最大获益。按条件关系的认定检验模式,如果登记机构的查封登记信息正确,在存在两个查封登记的情况下,即便不能得出原告不会同意以房抵债的结论,但至少原告若同意以房抵债则会在考虑自己利益的情况下,作出两个替代清偿,由此避免房屋被执行而带来的损失。根据相当因果关系的认定,原告以物抵债协议下作出的一系列履行是基于理性人的标准考虑经济利益的情况下作出的,即一般人在此情形下通常会做同样行为,由此背负损失。但损失的范围其实不应涵盖之前未能取回的借款,而是履行以房抵债协议所支付的一系列费用。

本案不应支持原告赔偿请求的要点应在于,不动产登记赔偿损害责任旨

[33] 参见王泽鉴:《侵权责任法》,中国政法大学出版社2001年版,第190页。

在保护的是物权公示公信基础上的信赖利益，不应当扩张到本案所示的债权人利益的保护。若将不动产登记错误损害赔偿的责任机制延伸到债权人利益的保护上，会导致侵权法向合同法的不当扩张，使侵权法的功能摄取合同法的应有功能。考虑到上文中提出的《民法典》第 222 条第 2 款位于《民法典》“物权编”第一分编第二章“物权的设立、变更、转让和消灭”之下，不动产登记错误的赔偿责任应当限制在物权领域乃至物权变动的领域。所以对于纯粹经济利益而言，应明确是否涉及物权变动方面的利益，由此在个案责任成立的因果关系上和赔偿范围上进行合理限定。

4. 房屋面积等信息登记错误

此种类型表现为权属信息以外面积、房屋性质等信息的登记错误。典型案例表现为面积登记错误，导致原房屋所有人在获得安置补偿时受有损失。[34]此时对应的是原房屋所有人的纯粹经济损失。在一起特殊的案例中，变更登记时间超过当事人约定时间，致使房屋出卖人承担违约责任进而要求登记机构赔偿其损失。[35] 在该种情形下，不能否认的是房屋出卖人确实受有损失，而登记机构可能在其中也确有过错，但是其被侵害的不是一种与物权的实现所相关的利益，不同于房屋登记被撤销或是抵押权无法实现导致的经济利益的损害，其归根结底是合同之债中的利益。此时要求登记机构基于《民法典》第 222 条第 2 款对其承担损害赔偿责任是不合理的。

5. 承租人请求赔偿

此种类型是租赁房屋因登记违法被拆除，承租人提出登记错误损害赔偿请求。[36] 由于国家赔偿仅赔偿直接损失，法院认为承租人的财产损失与该行政登记行为没有直接的因果关系，没有支持其诉讼请求。笔者认为是合理的，且承租人的利益是合同债权之利益，应于与出租人的合同关系中实现。

---

[34] 王某某与北京市规划和自然资源委员会赔偿案，北京市第三中级人民法院(2019)京 03 行赔终 117 号行政裁定书；王某某与北京市规划和自然资源委员会行政赔偿案，北京市第三中级人民法院(2019)京 03 行赔终 80 号行政赔偿裁定书；许某某与北京市规划和自然资源委员会行政赔偿案，北京市第三中级人民法院(2019)京 03 行赔终 81 号行政裁定书。

[35] 参见袁某某侵权责任纠纷案，北京市朝阳区人民法院(2019)京 0105 民初 1598 号民事判决书。

[36] 参见薄某、淮南市房地产管理局城乡建设行政管理案，安徽省淮南市中级人民法院(2017)皖 04 行赔终 21 号行政赔偿判决书。

通过对上述五种类型案件的分析和讨论,可以尝试得出在不动产登记错误损害赔偿涉及纯粹经济利益损失的情形中的分析思路:第一,如果纯粹经济利益的损失并非是物权变动引起的,如涉及的是合同之债等债权利益被第三人侵害产生的问题,则不应当被纳入这一旨在保护物权变动关系的赔偿机制的范围;第二,在涉及纯粹经济损失的问题时,为了区分与绝对权之保护力度的不同,应将损失赔偿限定在直接损失中;第三,在过错的构成要件上,如果不存在故意,对过失的认定要根据具体案情进行相对严格的判定。

五、结语

不动产登记机构登记错误的损害赔偿责任,在责任形式上可以划分为行政责任和民事责任,这反映了实务中不同的裁判模式。但无论是行政责任还是民事责任,都具有侵权之债的共性,应当在构成要件上予以相同的把握和认定。在责任主体及其责任形态的划分上,分为登记机构和提供虚假材料的当事人共谋的情形和不具有共同故意的情形。在二者不具有共同故意时,也应承认登记机构在过错情形下的责任承担。在侵害客体的划分上,分为对绝对权的侵害和纯粹经济利益的损失,在具体的案件类型中体现出不同的问题,应当明确的是在纯粹经济损失的赔偿方面,要考虑《民法典》第 222 条第 2 款的定位和规范意旨,将纯粹经济损失发生的领域限定在物权变动的领域,并在赔偿范围和因果关系上进行严格的把握。法条表述不明确和本身的文字空间使案件裁判在归责原则、赔偿范围、主体间责任形态等方面出现标准不一的问题,需要立法机关和司法机关的矫正。

Different Types of False Records in the Real Property Registry

—Center on the Liability of the Registry Organ

Li Yixuan

Abstract: While Article 222, paragraph 2 of the Civil Code provides for the basic rule of how a real estate registry organ bear the liability in the event of a registration error, it does not specify the core composition of the possible liability. In the searched cases, we can see various forms of false records and therewith the inconsistent juridical opinions. By distinguishing between the compensation for pure economic losses and the aggrieved absolute right, we should grasp the intent of protection of the reliance interest of content of the real property registry. The case also shows the dominant tendency of administrative responsibility characterization, but the application of administrative responsibility has certain problems in the operation of procedure, fault determination and compensation scope. At the same time, the registry organ has the right to recover the amount from the person causing the registration error. Considering the absence of a common intent, the liability of the registry organ to assume responsibility and the current environment of good faith, it is reasonable to assume the registry organ to bear several liability in the case of fault.

Key words: Registry Organ; Mistake in Real Property Registration; Administrative Responsibility; Pure Economic Loss

《西南法律评论》(第5卷·总第34卷)
第102～115页

监护人责任构成之检讨
——以成年监护为视角

胡丽萍*

摘　要:《民法典》确立了成年监护制度,而被监护人致人损害的侵权责任配置问题关涉整个成年监护制度的运作。成年意定监护人和法定监护人仅有选任方式上的差别,当被监护人致人损害时意定,监护人也须承担监护人责任。监护人责任当属自己责任而非替代责任,从"最佳利益原则"以及推广社会监护的目的出发,在解释《民法典》第1188条第1款监护人责任的归责原则时应向过错推定原则靠拢,同时,为了填补第1款所可能存在的救济漏洞,基于衡平思想,应当将第2款解释为监护人和被监护人在特定情形下须对被侵权人承担公平责任。

关键词:成年监护;监护人责任;归责原则;公平责任

一、问题的提出

为回应老年人权益保护的需求以及顺应监护制度发

* 华东政法大学民商法2018级硕士研究生。

展之潮流,《中华人民共和国民法典》(以下简称《民法典》)对我国既有监护制度进行了改革,废止了“精神病人禁治产制度”,创设了成年人监护制度。[①]《民法典》第28条至第32条是关于成年法定监护之规定,第33条增设适用于全体成年人的意定监护制度,[②]至此,可以认为《民法典》总则编侧重于“搭建监护制度的基本框架、规定监护的基本制度和原则”[③]的目标已经实现,我国成年监护制度由成年法定监护和成年意定监护共同构成。事实上,原《中华人民共和国民法总则》(以下简称《民法总则》)一经颁布,多数关于我国成年监护制度改革的争议就有了定论,《民法典》“婚姻家庭编”果然没有对监护制度进行任何回应,《民法典》的许多条文面临着成为“孤款”的尴尬局面。以往在《民法典》编撰的背景下,既有研究多从立法论视角探讨如何运用分则编来对未臻健全之成年监护制度本身加以完善,但是鲜见学者就其他制度与成年监护制度之间的协调问题展开讨论。

在高龄社会,成年被监护人给他人造成损害应当由谁来承担赔偿责任并不单单是侵权法上的问题,还关乎整个成年监护制度的利用。在成年监护领域大有从家庭监护向社会监护转型的趋势,未来担任成年监护人的主体多数与被监护人之间并不存在身份上的亲属关系,尤其是在以意定监护协议方式选任成年监护人的情形中,从表6可见,当前意定监护的公证实践中,大量的意定监护人是除近亲属以外的第三人。[④]《民法典》第28条第4项删去了“关系密切的其他亲属、朋友”的限制,这样一来,可以扩大第三人(除近亲属外,既包括自然人也包括法人)担任成年法定监护人的途径。就目前学界的主流

① 参见梁慧星:《中国民法总则的制定》,载《北方法学》2017年第11期。

② 有学者认为按照原《民法总则》中监护制度的体系安排及其内在类型逻辑,意定监护包含了依据单方意愿即可产生监护人的遗嘱监护和依据两个以上主体的意愿才能产生监护人的协议监护、委托监护、成年人自主监护(总则第33条)。此观点试图打破学界已有的法定监护与意定监护分类依据之共识——“意定”特指监护人的选任完全按照被监护人自身的意愿,并创设“成年人自主监护”的概念。参见费安玲:《我国民法典中的成年人自主监护:理念与规则》,载《中国法学》2019年第4期。

③ 石宏主编:《中华人民共和国民法总则条文说明、立法理由及相关规定》,北京大学出版社2017年版,第73页。

④ 笔者参与了一项关于“意定监护与公证实践”的社会调研活动,《民法总则》颁布后上海市普陀区公证处在全国范围内首先开展了意定监护的公证实践,从统计的结果来看,意定监护人不属于法定监护人范围的案例多达97起,占到了我们所获取的样本总量(180起案例)的53.9%。

观点和司法实践的总体趋势而言,监护人责任之归责原则采无过错责任原则,但如果让成年监护人在被监护人致人损害时承担无过错责任,势必会阻碍社会监护制度的推广。如何在促进成年监护制度的利用与充分救济被侵权人之间寻找到平衡?对这一问题的尝试须从剖析我国监护人责任制度开始。另外就监护制度改革之最新成果——成年意定监护而言也有一些相关问题需要明晰,即在《民法典》的语境下成年意定监护人和法定监护人有何不同?意定监护人在被监护人致人损害时是否须承担监护人责任?本文将围绕上述问题展开。

表6　上海普陀公证处意定监护公证办理其他事项统计

(2017年10月~2019年6月)

事项	数量(件)	占比(%)
有遗嘱	72	40
有监督人	16	8.9
监护人属法定监护人范围之外的	97	53.9
有生前预嘱	15	8.3

注:统计的样本总量为180件。

二、意定监护人与监护人责任

既有的关于监护人责任问题的研究都在侵权责任法的框架内展开,并把所有的不完全民事行为人都视为一个整体,并不区分未成年人和成年人,当然,这和过去《中华人民共和国民法通则》(以下简称《民法通则》)语境下监护制度的利用主体仅为未成年人和成年精神病人有关,而《民法典》监护制度改革的最新成果也尚未进入侵权法学者的研究视野。我国《民法典》第1188条规定了监护人责任乃民法学界之共识。监护人责任,是指无民事行为能力人或者限制民事行为能力人因自己的行为致人损害,由行为人的父母或者其他监护人承担赔偿责任的特殊侵权责任。⑤ 当然,也有学者认为,监护责任是

⑤　参见杨立新:《侵权责任法》(第3版),法律出版社2018年版,第184页。

指监护人对第三人的责任(监护人责任)以及监护人对被监护人的侵权责任。⑥ 从《民法通则》第 133 条到《民法典》第 1188 条,监护人责任在解释论上的争鸣从未停止。

近来学界有观点认为,“意定监护人原则上不需要承担《民法典》第 1188 条所规定之替代侵权责任,但与被监护人共同生活并且能够预见到被监护人将实施侵权行为的例外”。⑦《民法典》中涉及意定监护制度的仅有第 33 条这一个条文,因此有观点认为意定监护与法定监护之区别体现在监护人的确定方式上。意定监护制度中成年人可基于自己意思而确定监护人,体现了对意思自治的贯彻落实。⑧ 虽然,从比较法的视野来看,此种观点的确狭隘地理解了意定监护制度的功能,但也必须承认上述观点符合《民法典》内在的体系逻辑以及第 33 条的基本文义。第 33 条规定“以书面形式确定自己的监护人”,协议所“确定”的依然是“监护人”,意定监护人与法定监护人仅有选任方式上的差异,“意定监护人”依然属于“监护人”的下位概念,我们无法将“意定监护人”从《民法典》第 1188 条所使用之“监护人”概念中排除出去,在《民法典》的语境下,意定监护人同样需要承担监护人责任。正如学者所指出的,意定监护制度“其建构还远未完成”⑨,从第 33 条出发,在监护的框架内做解释论或者是立法论上的努力都无法得出意定监护具有监护替代措施的功能。⑩ 在《民法典》“总则编”与“侵权责任编”的语境下,很难说在实证法上意定监护人的职责也仅为代理被监护人实施法律行为而不包括监督被监护人的行为,故意定监护人无须承担《民法典》第 1188 条规定的监护人责任。就《民法典》的立法来看,在解释论上目前很难就意定监护人责任问题展开更进一步的讨论,故下文讨论的监护人责任仅指法定监护人。

---

⑥ 参见李霞:《成年监护制度研究——以人权的视角》,中国政法大学出版社 2012 年版,第 169 页。

⑦ 李国强:《成年意定监护法律关系的解释——以〈民法总则〉第 33 条为解释对象》,载《现代法学》2018 年第 5 期。

⑧ 参见李适时主编:《中华人民共和国民法总则释义》,法律出版社 2017 年版,第 99 页;陈甦主编:《民法总则评注》(上册),法律出版社 2017 年版,第 236 ~ 237 页。

⑨ 解亘:《老年人财产管理中的利益相反行为》,载《当代法学》2014 年第 3 期。

⑩ 参见李霞:《协助决定取代成年监护替代决定——兼论民法典婚姻家庭编监护与协助的增设》,载《法学研究》2019 年第 1 期。

三、监护人责任之归责原则

(一)通说与质疑——以《民法典》“侵权责任编”为视角

《民法典》第1188条第1款规定“监护人尽到监护职责的,可以减轻其侵权责任”,该款既没有采用传统的过错推定的规定方式,[11]也没有采用传统的无过错责任的规定方式,[12]而是介于无过错责任和过错推定责任之间。从《民法通则》第133条到《民法典》第1188条关于监护人责任的归责原则一直存在争论,学界基本形成了四种观点:过错责任、过错推定责任、无过错责任和混合责任。[13] 主流学者认为,为了更好地保护受害人,加强监护人对被监护人的监管,监护人责任的归责原则宜采无过错责任,[14]又或者认为因监护人无法通过证明尽到监护职责而免责,故监护人责任为无过错责任。[15]

关于监护人责任承担的理论根据,学界主要有三种观点:替代责任说[16],广义替代责任说[17]、自己责任说[18]。学说理论上产生分歧的主要原因在于:首先,学者试图引入普通法上的“替代责任”(vicarious liability)[19]来作为对监护

---

[11] 如原《侵权责任法》第38条“……幼儿园、学校或者其他教育机构应当承担责任,但能够证明尽到教育、管理职责的,不承担责任”;第81条“……动物园应当承担侵权责任,但能够证明尽到管理职责的,不承担责任”以及第88、90条,第91条第2款等。

[12] 如原《侵权责任法》第41条“因产品存在缺陷造成他人损害的,生产者应当承担侵权责任”;第65条“因污染环境造成损害的,污染者应当承担侵权责任”以及第80条等。

[13] 参见程啸:《侵权责任法》,法律出版社2015年版,第390页。

[14] 参见王利明:《侵权责任法研究》(下卷),中国人民大学出版社2011年版,第50页。

[15] 参见李永军:《论监护人对被监护人侵权行为的“替代责任”》,载《当代法学》2013年第3期。

[16] 参见杨立新:《侵权责任法》,法律出版社2011年版,第224页;王利明、周友军、高圣平:《中国侵权责任法教程》,人民法院出版社2010年版,第452页。

[17] 参见李永军:《论监护人对被监护人侵权行为的“替代责任”》,载《当代法学》2013年第3期。

[18] 参见汪峰、肖锋:《监护人承担之侵权责任并非替代责任》,载《科社纵横(新理论版)》2010年第12期。

[19] “替代责任”这一概念来源于普通法法域,在英国法上“替代责任”(vicarious liability),是指在A因为与B存在某种关系时,应对B所实施的侵权行为向C承担责任。其与A因违反了自己的义务所承担的个人责任(personal liability)不同,并不要求A存在过错。如雇主对其雇员的侵权行为承担替代责任并不要求雇主存在过错或者违反义务,即使是最轻微程度的过错或者义务的违反也不要求。此际,责任是真正“严格的”。参见[荷]J.施皮尔主编:《侵权法的统一:对他人造成的损害的责任》,梅夏英、高圣平译,法律出版社2009年版,第80、385页。

人归责的根据，但又忽视了作为归责依据的“替代责任”在普通法上的本质内涵，即“以关系为基础的严格责任”(relationship-based strict liability)⑳，而此处的“关系”并不涵盖父母子女(或者监护)这样的身份关系，主要指“雇主—雇员”关系。㉑ 普通法上对需要监督者(未成年人和成年人障碍者)的责任并不属于替代责任的范畴，严格责任并不适用，举证责任也不发生不利于监督者的转移，仅关注监督者监督行为本身的过失问题。㉒ 其次，也未注意到在大陆法上监护人责任属于“对他人造成的损害的责任”范畴，㉓在该范畴内既有监护人责任这样的个人责任类型，也有“雇主对雇员”这样的等同于普通法上“替代责任”的责任类型，也正是基于此，才会认为在整个“对他人造成的损害的责任”领域，就责任主体承担责任的基础而言，部分是因违反监督义务(或其他义务)而推定的过错，而部分则与过错无涉。㉔ 强行为监护人责任套上“替代责任”的外衣，一方面，遮蔽了监护人责任的个人责任属性；另一方面，也导致“替代责任”沦为一种对责任承担外部形式的总结，“替代责任”因而失去了其作为责任承担基础的原始功能。无论是普通法还是大陆法，监护人责任本就是个人责任，况且从《民法典》第1188条第1款第2句的文义来看，监护人所承担的显然是因“未尽到监护责任”而产生的个人责任。综上所述，以替代责任来论证监护人责任的归责原则为无过错责任原则既缺乏比较法上的依据，也不符合实证法上条文之基本语义。民法以过错责任为原则并借

---

⑳ 参见郑晓健：《揭开雇主“替代责任”的面纱——兼论〈侵权责任法〉第34条的解释论基础》，载《比较法研究》2014年第2期。

㉑ 参见[荷]J.施皮尔主编：《侵权法的统一：对他人造成的损害的责任》，梅夏英、高圣平译，法律出版社2009年版，第86页。

㉒ 参见[德]克雷斯蒂安·冯·巴尔：《欧洲比较侵权行为法》(上卷)，张新宝译，法律出版社2004年版，第413页。

㉓ 大陆法并不存在“替代责任”这样的概念，与此相关联的概念是“对他人造成的损害的责任”，此类责任涵盖的范围非常的广泛，包括父母(以及其他监护人、监督者)对未成年人致人损害所应当承担的责任；教师(以及学校管理机构)和职业培训者对学生、学徒以及其他监督者(如精神病院)对处于其监督之下的人(精神残障人士)致人损害所应当承担的责任；法人对其机关、经理人员致人损害所应当承担的责任；雇主对雇员、上级对下属以及代理人对被代理人致人损害所应当承担的责任。同上书，第180~257页。

㉔ 参见[德]克雷斯蒂安·冯·巴尔：《欧洲比较侵权行为法》(上卷)，张新宝译，法律出版社2004年版，第180页。译者在此处使用了“替代责任”的字眼，但从体系与逻辑的角度来看，作者之意应当是“对他人造成的损害的责任”。

过错推定加以缓和,就整个规范体系而言不应专为监护人设无过错责任,无过错责任的理论根据系持有危险物品或者从事危险活动而获有利益,应承担其危险所致损害的责任,但以对待危险物品那样的方式来对待不完全民事行为能力人是让人难以接受的,何况监护人并不从履行监护职责的过程中获取利益,让监护人承担无过错责任,可能并不符合分配正义的内涵。[25]

监护人责任的归责原则在法律适用上出现过较大分歧,最为典型的是辽宁省高级人民法院(2013)辽审二民抗字第6号案件,该案中一审法院采纳过错责任原则(同时适用公平责任作为补充),二审法院认为应采过错责任原则但不适用公平责任,而再审最终采纳了无过错责任。但从新近的案例来看,无过错责任原则大有成为司法实务共识之趋势。[26] 在江西省抚州市中级人民法院(2019)赣10民终48号判决中,法院认为,“监护人责任是一种替代责任,让监护人替代被监护人承担侵权责任的正当性在于监护人与被监护人之间存在特殊的身份关系,基于这种身份关系要求监护人采取合理措施,控制、监督、教育被监护人,防止被监护人实施侵权行为造成他人损害,而替代责任不以监护人是否尽到注意义务为免责事由”。如上所述,“替代责任”并不能作为监护人承担无过错责任的理论基础,并且也不能因监护人与被监护人之间存在特定的身份关系就要求监护人承担责任。若说是因身份关系而产生了监护人的一系列义务,那么监护人承担的显然是因义务违反而产生的“自己责任”,更何况监护人与被监护人之间未必都存在特定的身份关系。

(二)解释论上的倾向——以成年监护为视角

1. 最佳利益原则与避免被监护人侵害行为之可能性

基于对《民法典》第35条的解释可以得出,我国成年监护的基本原则包括3项:最佳利益原则、协助自主决定原则以及最少限制原则。第1款规定了

---

[25] 王泽鉴:《侵权行为》(第3版),北京大学出版社2016年版,第491~492页。

[26] 笔者以“监护人责任”“归责原则”为关键词在“无讼案例”数据库中进行了检索,在高院和中院两个层级共检索到29相关个案例,其中仅有(2018)甘07民终1061号判决认为监护人责任是过错责任,而过错的判断依据是监护人是否尽到了监护职责。采无过错责任原则的案例参见:北京市第三中级人民法院民事判决书,(2019)京03民终8508号;上海市第一中级人民法院民事判决书,(2012)沪一中民一(民)终字第1635号;广东省广州市中级人民法院民事判决书,(2018)粤01民终2287号;江苏省徐州市中级人民法院民事判决书,(2018)苏03民终4879号;湖南省湘潭市中级人民法院民事判决书,(2018)湘03民终285号。

最有利于被监护人原则,“最有利于被监护人”的内涵是什么?仅仅是利益最大化吗?如果是,那么与第3款中最大限度地尊重成年被监护人意愿就存在价值判断上的矛盾,因为有时候充分尊重被监护人的意愿反而不利于被监护人利益之最大化,立法者考虑到很多时候对成年被监护人而言利益最大并不等同于利益最佳,就概念本身而言“最佳利益”比“最大利益”更富弹性,可容纳之要素更多,故选用“最佳利益”概念以便涵盖对成年被监护人而言另一重要利益——在其能力所及的范围内按照自己的意愿和想法安排其生活。在明确“最有利于被监护人”并不等同于利益最大化而应当是“为被监护之最佳利益”的基础上,我们似乎可以进一步厘清第1款和第3款之间的逻辑关系,成年监护人在履行监护职责时从被监护人的最佳利益出发是首要原则,第3款中协助被监护人自主决定以及最小限度干预原则的重要功能在于辅助最佳利益原则之实现。成年被监护人的最佳利益包含依其意愿安排自身生活,监护人应当对此意愿给予充分尊重,此种尊重主要从两个维度上展开,即协助被监护人实现其意愿以及减少对被监护人自主实现意愿行为的干涉。

成年监护人职责的核心内容包括人身和财产两方面,正是基于人身和财产监护的可分性以及充分保护被监护人利益之目的,比较法上才有了共同监护制度的规定。㉗ 在国际人权思潮助推成年监护制度改革的背景之下㉘,履行人身监护职责、充分尊重成年被监护人意愿以实现其最佳利益显得尤为重要。成年监护人在履行人身监护职责的过程中须从最佳利益原则出发,保护被监护人尚存之意思能力,最大限度尊重被监护人意愿以及最少限度干预被监护人。这些限制可能使成年监护人更难避免被监护人损害他人事实的发生。在司法实践当中,避免被监护人侵权行为发生之可能性是影响案件裁判的因素之一,例如在湖南省湘潭市中级人民法院(2018)湘03民终285号案

㉗ 按照田山辉明教授的说法,“成年监护人为数人时,家庭法院可依据职权,确定数个成年监护人共同或分担事务等可行使权限。之所以设定这项规定,是因为当律师(甲)成为负责财产管理的成年人时,在人身监护方面由社会福祉士(乙)这样的专家担任成年监护人更适合”。参见田山辉明《日本成年监护制度——少子、老龄社会的法律制度》,顾祝轩译,载《交大法学》2015年第3期。

㉘ 《联合国残疾人权利公约》体现了现代人权理念,公约第12条倡导残疾人在法律面前获得平等承认,在此背景下,从20世纪60年代开始,大陆法系国家(地区)在成年监护领域掀起了改革的浪潮。

件中,虽然法院认为监护人责任应采无过错责任原则,但同时引入了"监护能力"的判断,依据最高人民法院《关于贯彻执行〈中华人民共和国民法通则〉若干问题的意见(试行)》第11条规定,排除了与被监护人前妻共同生活且与被监护人少有往来的女儿以及不与被监护人共同居住且年事已高的母亲的监护人责任。因被监护人的侵权行为发生在其胞兄接其返乡的途中,且综合身体状况,经济条件以及与被监护人生活上的联系等因素,法院最终认为应由被监护人的胞兄承担监护责任。㉙

2. 社会监护之推广

《民法典》第34条第1款概括性规定了监护人职责在于代理被监护人实施法律行为,保护被监护人的人身权利、财产权利以及其他合法权利等。与第35条第2款和第3款区分未成年人监护人和成年人监护人不同,无论从体系解释还是文义解释的视角来看,第34条是适用于所有类型监护人的"一般条款",而对该一般性条款进行解释时应当充分关注成年监护人人身监护职责的特殊性。与未成年人监护人负担之"保护和教养"职责相区分,未成年人监护人在对未成年的保护和管教方面承担更大的职责,特别是在父母担任监护人的场合,而成年监护人所要承担的主要人身监护职责是料理被监护人的生活、疗养、看护等事务。监护人之"料理义务"显然不应当被解释为"是要求作为事实行为对成年被监护人进行实际的看护或者监督成年被监护人行动的义务"㉚,正是成年监护人与未成年人监护人监护职责上的差异为社会监护的推广提供了充分的可能性。监护制度的功能定位是弥补自然人行为能力的不足,保护未成年人等不完全民事行为能力人的合法权益,立法者以此为价值起点并从逻辑上推定血缘或者情感上的亲密性有助于监护制度之运行从而建构出以亲属关系为基础的家庭监护制度。成年监护制度一直以来也被作为家庭法的重要内容,它与亲属有着密切的关系,担任监护人的通常为被

㉙ 按照田山辉明教授的说法,"成年监护人为数人时,家庭法院可依职权,确定数个成年监护人共同或分担事务。之所以设定这项规定,是因为当律师(甲)成为负责财产管理的成年人时,在人身监护方面由社会福祉士(乙)这样的专家担任成年监护人更适合"。田山辉明:《日本成年监护制度——少子、老龄社会的法律制度》,顾祝轩译,载《交大法学》2015年第3期。

㉚ 王冷然:《从日本的一个判例看成年监护制度和监护人责任的关联》,载渠涛主编:《中日民商法研究》第16卷,法律出版社2017年版,第140页。

监护人之近亲属。但是随着人口形态的高龄化和家庭形态的核心化,以家庭及近亲属为主的传统监护模式越来越力不从心,各国纷纷扩大成年监护人的范围,不再局限于亲属监护人,并且以社会之力保护被监护人的自由生活,成年监护制度的社会化趋势愈加明显。㉛

《民法典》第28条第4项以及第33条改变了《民法通则》中"关系密切的其他亲属、朋友"的规定,扩大了担任成年监护人的第三人的范围,这显然是为了顺应成年监护由家庭监护向社会监护转变的趋势,回应人口高龄化以及家庭少子化背景下老年人社会监护之需求。㉜ 社会监护人同样属于监护人的范畴,若被监护人的成年人实施了侵害他人权益的行为,社会监护人也需要承担监护人责任。若坚持将《民法典》第1188条第1款规定的归责原则解释为无过错责任原则,一方面,会使社会监护人的负担过重,打击社会监护人的积极性,障碍《民法典》立法目的的实现;另一方面,社会监护人在很大程度上是出于公益目的而担任监护人,并不从履行监护职责的过程中获取报酬,承担无过错责任有违分配正义的内涵。

在侵权制度的构造方面,立法者均致力于在行为自由和权益保护之间寻找平衡。㉝ 被监护人致人损害的责任承担涉及被侵权人、被监护人、监护人三方主体的利益,虽然侵权法的天然功能是救济受害人,但仅从充分救济受害人的角度尚不能得出监护人责任之归责原则就必须采无过错原则的结论。在理论上,无论何种类型的侵权要想实现对被侵权人的充分救济都应当科以无过错责任,但显然实际并非如此。监护人责任之归责原则宜采无过错的结论,"实属嫁接在我国不承认被监护人侵权之上,为了从监护人责任承担的角度加强对受害人的保护而作出的最终选择"㉞。不过实践中也有判决认为

㉛ 参见陈苇、李欣:《私法自治、国家义务与社会责任——成年监护制度的立法趋势与中国启示》,载《学术界》2012年第1期。

㉜ 《民法总则》在制定的过程中也考虑到了我国人口高龄化以及老年人权益保护之需求,借鉴了其他国家和地区的立法例,在立足于我国国情和实践的基础上,构建起以家庭监护为基础、社会监护为补充,国家监护为兜底的监护制度。参见石宏主编:《中华人民共和国民法总则条文说明、立法理由及相关规定》,北京大学出版社2017年版,第58页。

㉝ 参见王泽鉴:《侵权行为》(第3版),北京大学出版社2016年版,第7页。

㉞ 冯德淦:《被监护人致人损害侵权解释论研究》,载《华侨大学学报(哲学社会科学版)》2019年第1期。

“监护人责任是一种法定责任,要确定监护人责任的大小,应先确定本应由被监护人承担的侵权责任的大小”,此种裁判思路似乎认可被监护人此时构成侵权。[35] 从《民法典》监护制度改革的初衷——成年监护人的人身监护职责以及履行职责所遵循的基本原则来看,为达到促进成年监护制度运用的目的,让监护人承担无过错责任并不恰当。在监护制度改革的背景下,以成年监护为视角,在解释论上我国应当向过错推定模式靠拢。正如学者所指出的,《民法典》第1188条第1款第2句删除了《民法通则》第133条“可以适当减轻他的民事责任”中的程度副词“适当”,这为解释论上从无过错向过错推定模式转变提供了很大的空间。[36]

四、《民法典》第1188条第2款——救济漏洞之填补

《民法典》第1188条第1款规定了监护人在被监护人致人损害时需要承担责任,但尽到监护职责的可以减轻责任;第2款规定有财产的被监护人需要自己支付赔偿费用,不足部分由监护人承担补充责任。第1款和第2款的适用关系问题是监护人责任在解释论上的又一典型争议,又或者说第1188条第2款是规定了被监护人的独立责任,还是仅为监护人责任之损害赔偿方式的具体规定,存在两种对立的观点。学界的主要观点大致可以划分为两类:平行关系说、主从关系说。[37] 平行关系说主张第1款和第2款互相独立,第1款解决被监护人没有财产的情形,而第2款解决被监护人拥有财产的情形,[38]该观点也在司法实践当中被广泛采纳,[39]盖因此种解释较符合《民法典》

---

[35] 参见江西省抚州市(地区)中级人民法院民事判决书,(2019)赣10民终48号。

[36] 参见冯德淦:《被监护人致人损害侵权解释论研究》,载《华侨大学学报(哲学社会科学版)》2019年第1期。

[37] 参见冯德淦:《被监护人致人损害侵权解释论研究》,载《华侨大学学报(哲学社会科学版)》2019年第1期;王竹:《论〈民法典·侵权责任编〉的监护人责任设计——以“体系位移效应说”为切入点》,载《四川大学学报(哲学社会科学版)》2018年第5期。

[38] 参见杨立新:《侵权责任法》,法律出版社2011年版,第232页。

[39] 参见上海市第二中级人民法院民事判决书,(2012)沪二中民一(民)终字第258号;上海市松江区人民法院民事判决书,(2014)松民一(民)初字第4230号。

第1188条的基本文义。但在法理上却难以认可将区分适用的前提建立在被监护人是否拥有财产的基础之上,"拥有财产"与侵权行为并不相关,缺乏责任承担的道义基础。[40] 如果以是否拥有财产来区分适用第1款和第2款,那么极有可能带来这样一种评价上的矛盾:以监护人尽到监护职责为前提,若被监护人拥有财产,监护人需要就不足部分承担补充责任,此时被侵权人可以获得完全的赔偿;若被监护人没有财产,而此时监护人又可以减轻责任,那么被侵权人并不能获得全额赔偿。以是否拥有财产为前提的区分适用导致了被侵权人获得赔偿数额的不同。主从关系说则从批判平行关系说的角度出发,认为《民法典》第1188条第2款的规定并不是为了确立被监护人的独立责任,而旨在解决监护人和被监护人之间的损害责任分担问题。[41] 主从关系说否认有财产的被监护人的独立责任,但是它无法回答为什么作为非责任主体的被监护人最终却要实际承担损害赔偿责任。

从成年监护的视角来看,平行关系说似乎有助于促进成年监护制度的利用。因为未来利用成年监护制度的主体主要是丧失或者部分丧失行为能力的老年人,而此类群体与未成年人不同,他们在多数情况下都拥有个人财产。在成年被监护人致人损害的场合,首先由被监护人承担赔偿责任而监护人只需要承担补充责任的制度安排可以最大限度地减轻监护人的负担,除去监护人的后顾之忧,促进成年监护制度的推广与利用。可现实是,并非每一位需要利用成年监护制度的老年人都拥有个人财产,更何况还存在着财产多寡上的差异,若采用平行关系说会带来一个显著的问题:仅有财产甚至有较多财产的老年人才会有第三人愿意担任他们的监护人。这将在很大程度上造成成年监护制度利用上的不平等。

与既往之主从关系说不同,有观点虽然也将《民法典》第1188条第2款的功能定位为监护人和被监护人内部的责任分担和追偿,但其解释论上的路径是先对不完全民事行为能力人的识别能力加以区分。有责任能力者在有过错的情况下依据《民法典》第1165条第1款承担过错侵权责任,无责任能

[40] 参见薛军:《走出监护人"补充责任"的误区》,载《华东政法大学学报》2010年第3期。

[41] 参见薛军:《走出监护人"补充责任"的误区》,载《华东政法大学学报》2010年第3期。类似观点参见陈帮锋:《论监护人责任——〈侵权责任法〉第32条的破解》,载《中外法学》2011年第1期。

力者则无须承担责任。监护人则依据第1188条第1款对被侵权人承担责任。在监护人无过错而被监护人不承担责任的场合,通过限制监护人减责来实现对被侵权人的充分救济,如果救济还是不充分,则可以考虑让被监护人承担《民法典》第1186条之公平责任。外部监护人和被监护人对被侵权人承担连带责任,而内部则由第1188条第2款来发挥监护人和被监护人之间责任分担以及监护人向被监护人追偿的功能。[42]

如前文所述,监护人依据《民法典》第1188条第1款承担过错推定责任,尽到监护职责时可以减轻甚至免除其责任,而被监护人又不区分识别能力一律不承担责任,这就可能带来对被侵权人权益救济上的漏洞。为了填补这一漏洞,我国《民法典》第1186条规定了公平责任规则,在行为人和受害人对损害的发生都没有过错的情况下,依实际情况由二者分担损失,但此种责任"仅应当适用在过错侵权的类型中,除双方都无过错外,行为人之行为与他人之损害结果间存在因果关系,如果行为人没有采取任何的行动,则不能要求其据此分担责任"[43]。在辽宁省高级人民法院(2013)辽审二民抗字第6号案件当中,一审法院和检察机关均认为监护人责任的归责原则为过错责任原则,该案中,因被监护人是突发精神疾病而砍伤他人,作为监护人的配偶之前并不了解被监护人的精神状态,故不能认为监护人存在过错,监护人无须承担监护责任。但从充分救济受害人的角度来看,认为应当适用公平责任条款,由监护人来分担损失。这样的处理方式可以实现个案正义,但如果将《民法典》第1188条第2款解释为公平责任规则在监护人责任条款中的特殊表达,即为了弥补第1款存在的救济漏洞,先由有财产的被监护人承担一种对被侵权人的公平责任,若被监护人没有财产或者不足以填补时,监护人也须承担此种公平责任,那么裁判者则无须"舍近而求远"。

---

[42] 参见金可可、胡坚明:《不完全行为能力人侵权责任构成之检讨》,载《法学研究》2012年第5期。

[43] 石冠彬、谢春玲:《前民法典时代公平责任的适用:裁判误区与应然路径》,载《河南社会科学》2019年第9期。

五、结语

在监护制度改革的背景下，为满足高龄社会老年人保护的需求，促进成年监护制度的运用与推广，在实现侵权法救济功能的同时，监护人利益在整个监护人责任制度的建构中不能被边缘化。如何协调成年监护之利用与监护人责任之承担，是值得进一步研究的课题。

Review of the Guardian's Liability Constitution

—From the Perspective of Adult Guardianship

Hu Liping

Abstract: The adult guardianship system was established by the Civil Code of The People's Republic of China, and the allocation of the tort liability caused by the person under guardianship is related to the operation of the entire adult guardianship system. There is only a difference in the way of selecting between the guardians selected by adult and the legal guardians. When the person under guardianship does harm to others, it is determined that the guardian shall also bear the guardianship responsibility. Guardianship responsibility should be a kind of personal responsibility rather than vicarious responsibility. For the purposes of achieving the "best interests principle" and promoting social guardianship, when interpreting the liability principle of guardianship under article 1188 (1) of the Civil Code, it should get close to the principle of presumption of fault. At the same time, in order to fill the possible relief loopholes from the article 1188(1), based on the idea of equity and the article 1188 (2), the guardian and the ward should bear fair liability to the infringed under certain circumstances.

Key words: Adult Guardianship; Liability of Guardian; Principle of Assumed Liability; Fair Liability

刑事法前沿

《西南法律评论》(第5卷·总第34卷)
第119~131页

认罪认罚从宽制度与刑事和解制度的衔接机制研究

刘　宇*

摘　要:认罪认罚从宽制度与刑事和解制度欠缺有效衔接机制,易使二者在运行过程中出现交叉适用案件"实体从宽幅度难把握、程序从宽落实不力"等问题。本文在分析问题成因的基础上指明两大制度具备衔接的现实基础。衔接机制的构建应包括程序衔接和实体衔接两个维度:一是完善刑事速裁程序作为程序衔接的着力点;二是厘清认罚的基本内涵并对3类交叉案件设置相应的从宽幅度以进行实体衔接。

关键词:认罪认罚从宽;刑事和解;速裁程序;衔接机制

认罪认罚从宽制度是2018年《中华人民共和国刑事诉讼法》(以下简称《刑事诉讼法》)修改的重点之一。确立认罪认罚从宽制度,旨在对被告人自愿认罪认罚的案件

* 西南政法大学法学院刑事诉讼法学2018级硕士研究生。

本文系西南政法大学2019年度学生科研创新项目"从宽处理问题研究"的阶段性成果。

在实体上要从宽量刑,做到量刑适当;在程序上要从简处理,实现繁简分流,确保公正与效率的有机统一。尽管认罪认罚程序已被正式写入新《刑事诉讼法》,但认罪认罚与刑事和解的衔接适用问题却未能得到应有关注,导致认罪认罚从宽制度与刑事和解制度在具体应用过程中可能出现对立和冲突。为此,本文首先梳理二者在衔接机制缺失的背景下可能面临的问题;其次,分析衔接困境的成因并厘清两大制度衔接的现实基础;最后,就衔接机制的构建给出相应建议。

一、两大制度的衔接机制缺失可能引发的问题

刑事和解的设立初衷,是希望在犯罪人自愿悔罪的基础上,通过适当的量刑让步,鼓励其通过道歉和赔偿损失等方式争取受害方谅解,借此修复受损的社会关系,同时促使犯罪人顺利回归社会。但衔接机制的缺失使得刑事和解与认罪认罚在司法适用中可能面临风险。

(一)实体衔接缺失:案件适用范围重合但量刑从宽幅度不统一

从立法角度看,刑事和解与认罪认罚的适用范围存在重合,但量刑从宽幅度并不统一。《刑事诉讼法》对刑事和解的适用范围作了严格限定,①不仅规定了刑事和解可适用的案件种类,甚至将可能判处的刑期也作为适用与否的法定条件,最高人民法院《关于适用〈中华人民共和国刑事诉讼法〉的解释》(以下简称《解释》)和最高人民法院、最高人民检察院2021年制定的《关于常见犯罪的量刑指导意见(试行)》(以下简称《量刑指导意见》)也对刑事和解的从宽幅度作了相应规定。② 根据《关于适用认罪认罚从宽制度的指导

---

① 《刑事诉讼法》第288条规定:"下列公诉案件,犯罪嫌疑人、被告人真诚悔罪,通过向被害人赔偿损失、赔礼道歉等方式获得被害人谅解,被害人自愿和解的,双方当事人可以和解:(一)因民间纠纷引起,涉嫌刑法分则第四章、第五章规定的犯罪案件,可能判处三年有期徒刑以下刑罚的;(二)除渎职犯罪以外的可能判处七年有期徒刑以下刑罚的过失犯罪案件。"因此,刑事和解案件可以分为过失类和解案件和非过失类和解案件。

② 参见《量刑指导意见》:"……三、常见量刑情节的适用……(十二)对于当事人根据刑事诉讼法第二百七十八条达成刑事和解协议的,综合考虑犯罪性质、赔偿数额、赔礼道歉以及真诚悔罪等情况,可以减少基准刑的50%以下;犯罪较轻的,可以减少基准刑的50%以上或者依法免除处罚。"

意见》(以下简称《指导意见》)规定,认罪认罚从宽制度适用于所有刑事案件,自然也囊括适用和解程序的案件,两者在适用范围上存在直接重叠,但刑事诉讼法及有关司法解释却并未对认罪认罚案件的从宽幅度作出界定,也未回答认罪认罚案件的从宽幅度能否参照刑事和解的有关规定。

从实践角度看,由于缺乏统一的从宽标准,各地司法机关对认罪认罚从宽幅度的把握存在差别。有的法院将认罪认罚作为与自首、坦白并立的"量刑情节",有的法院则将认罪认罚作为自首、坦白的一部分,对认罪认罚的被告人仅适用自首或坦白情节而不再考虑认罪认罚。③ 明确从宽幅度,统一从宽标准,有利于促使被追诉人认罪认罚,促进检察官和犯罪嫌疑人、律师的量刑协商,从而从宏观上加强对司法机关普遍认同的刑罚裁量制度的构建。对于被告人认罪认罚的和解案件,如何在量刑上落实从宽要求更是一大难题。一旦幅度过宽,将无法做到罪责刑相适应,还会遭受"以钱买刑"的质疑;如果幅度过窄,则有可能让精明的被告人在细致计算之后同意适用对自己更为有利的从宽程序,让成本"相对高昂"的刑事和解面临制度基础被消解的风险。④

(二)程序衔接缺失:认罪认罚和解案件的程序从宽力度未能在审理程序中得到充分体现

认罪认罚从宽,意指刑事司法机关在法定限度内,针对犯罪嫌疑人或被告人的认罪认罚行为给予其无损于公平正义的宽缓化处理,这里的"宽缓化处理"包含实体与程序两大层面的宽缓化。认罪认罚本身不能直接实现案件分流,必须要借助相应的不起诉制度和审判程序。刑事简易程序、速裁程序作为对认罪认罚制度中"程序从宽"的探索,是对抗式诉讼向宽和式诉讼转化的重要体现。认罪认罚案件中控辩双方的对抗性大大减少,在不降低证明标准的前提下采用一种更为高效的速裁程序进行审理,可以保证认罪认罚被告

---

③ 最高人民法院研究室副主任周加海曾专门就这一实践层面的问题作出过回答,他"倾向于认为认罪认罚是一个独立的量刑情节,是自首、坦白、认罪之外的一个新的独立量刑情节。唯有如此,才可能起到政策上鼓励犯罪嫌疑人、被告人认罪认罚的效果"。

④ 认罪认罚从宽制度只需要被追诉人自愿认罪认罚,同意检察机关量刑建议并签署具结书的,就可直接适用,被追诉人在这一制度中选有较大的程序选择权,付出的成本相对较小,与检察机关相比地位更加主动;但在刑事和解制度中,被追诉人不仅要自愿、真诚悔罪,还必须通过赔礼道歉、赔偿损失等方式争取被害人谅解。相比认罪认罚从宽,被追诉人在刑事和解制度中付出的成本可能更"高昂",面临的风险也会更大。

人依法获得一定的程序简化便利。

根据立法规定,刑事和解案件可以分为过失类案件和非过失类案件。其中,过失类和解案件对刑期的要求是"可能判处七年有期徒刑以下刑罚",这就导致非过失类犯罪可以纳入速裁程序适用范围,而过失类犯罪则有可能因刑期长而被排除在外。然而,不同于故意犯罪,多数过失犯罪的被告人本身不存在直接犯罪意图,其主观恶性和人身危险性较小,悔罪可能性较大,在被告人认罪认罚并达成和解协议的情况下,案件审理相对容易。但《刑事诉讼法》规定速裁程序适用的刑期幅度为"三年以下有期徒刑",因此,部分过失类和解案件可能被排除在速裁程序适用范围外,不利于速裁程序"从宽"功能的进一步发挥。

虽然对被告人认罪认罚的过失类和解案件,可以适用刑事简易程序审理,这本身也是"程序从宽"的一种体现,但是,简易程序的启用并不以达成和解协议为前提,且由于刑期可能较长,过失类和解案件即便适用简易程序也须由合议庭而非独任庭审理,程序从宽力度不及速裁程序。必须承认,被追诉人对认罪认罚的关注点不在于节约司法资源和提高诉讼效率,而是对其可能作出的实体量刑判决,量刑减让才是促使被追诉人自愿认罪认罚的强大动力。⑤ 但不能因此否认被追诉人对程序从宽效益的积极追求。法院的审判权具有终局裁决作用,控辩双方达成一致的量刑建议只有经过最终的审判程序确认才具备实质意义上的可行性。只有在实体上做到量刑从宽,在程序上做到程序从简,才能最大限度地吸引犯罪嫌疑人认罪认罚,进而更好地维护自愿认罪认罚的被追诉人的合法权益。

二、两大机制间衔接机制不足的成因

(一)对"认罚"的内涵缺乏统一认识

党的十八届四中全会《关于全面推进依法治国若干重大问题的决定》提

⑤ 参见喻丹、李清:《关于刑事案件认罪认罚从宽制度的几点思考》,载《人民法院报》2016年11月2日,第6版。

出"完善刑事诉讼中认罪认罚从宽制度"后,"认罚"这一概念就开始被学者讨论研究,并在2018年《刑事诉讼法》中得到正式确立。但理论界和实务界尚未形成对"认罚"的统一认识,间接影响了认罪认罚从宽与刑事和解的有效衔接。

首先,从规范角度出发,现有法律规范对"认罚"内涵的界定并不一致。《刑事诉讼法》第15条规定,"犯罪嫌疑人、被告人自愿如实供述自己的罪行,承认指控的犯罪事实,愿意接受处罚的,可以依法从宽处理",从字面意思看,"认罚"即"愿意接受处罚"。但该规定中,认罚的适用序列在认罪之后,其独立价值未能得到充分体现。后续出台的《指导意见》规定,"认罪认罚从宽制度中的'认罚',是指犯罪嫌疑人、被告人真诚悔罪,愿意接受处罚……"将"认罚"定义为"真诚悔罪+愿意接受处罚"。尽管该规定在《刑事诉讼法》基础上有所细化,一定程度上彰显了"认罚"不同于认罪的独立内涵,但没有对其中的"真诚悔罪"作具体阐释,特别是没有厘清"真诚悔罪"与和解的关系。刑事和解本质上正是被追诉人真诚悔罪的外在表现,在概念上与"认罚"有所重合。如果被告人与被害方达成和解协议,究竟是适用认罪认罚程序予以从宽,还是单独适用刑事和解的规定,抑或是并行适用刑事和解与认罪认罚从宽这两道程序,目前尚无定论。

其次,理论界对"认罚"的定义也存在分歧。陈卫东教授认为认罚在客观上表现为"同意检察机关提出的量刑建议并达成协议、同意退赃退赔和简化诉讼程序"⑥;陈光中教授也将主动退赃退赔作为体现被追诉人"认罚"的特殊表现;⑦黄京平教授则对认罚作广义与狭义之分,狭义上的认罚单指被告人"愿意接受处罚",与刑事和解没有直接联系,而广义上的认罚则是以狭义认罚为基础的民事赔偿和解,"是犯罪嫌疑人、被告人与被害方就案涉民事赔偿等事项达成和解协议"⑧。以上观点的主要分歧在于,学者对认罚与刑事和解关系的认识存在模糊之处,有的认为认罚在本质上包含刑事和解,有的则认为认罚之中的"愿意接受处罚"更类似于退赃退赔,与刑事和解并无直接联

⑥ 陈卫东:《认罪认罚从宽制度研究》,载《中国法学》2016年第2期。

⑦ 参见陈光中、马康:《认罪认罚从宽制度若干重要问题探讨》,载《法学》2016年第8期。

⑧ 黄京平:《认罪认罚从宽制度的若干实体法问题探讨》,载《中国法学》2017年第5期。

系。但必须承认,无论是刑事和解还是自愿认罚,都体现了被追诉人的真心悔过态度,大都以金钱给付(既可能是被追诉人以自身的金钱给付,也可能是返还非法占有的被害人财物)为外在形式。这种认识分歧在某种程度上阻碍了刑事和解制度与认罪认罚从宽制度的有效衔接。

(二)恢复性司法与协商性司法理念的内在差异

刑事和解程序与认罪认罚从宽制度都是落实宽严相济政策、实现案件繁简分流的必要手段。刑事和解程序在某种意义上也可以说是认罪认罚从宽制度的组成内容,是实现认罪认罚理念、贯彻宽严相济要求的一种方式,二者是原则与内容、目的与手段的关系。⑨ 这种关系不仅表现在理念层面的相互贯通,在刑事诉讼法的条文中也有所体现。⑩ 就两大制度所体现的诉讼理念而言,刑事和解是"恢复性司法"在我国语境下的具体体现形式,而认罪认罚从宽则具有典型的"协商性司法"特征。刑事和解程序与认罪认罚从宽制度的关系在很大程度上就是其背后隐含的恢复性司法与协商性司法这两种理念的沟通互动关系。

恢复性司法,是一种以恢复性程序实现恢复性后果的非正式的犯罪处理方法,通过犯罪人与被害人之间的积极协商,就有关损失赔偿等事项达成一致意见,修复犯罪行为所损害的社会关系,使犯罪人重新融入社会。⑪ 它提供了一条以和平的方式,在当事人充分参与的基础上解决刑事冲突,化解刑事矛盾的新途径。刑事和解在一定程度上凸显了恢复性司法的基本要求,与恢复性司法存在相似之处。而协商性司法强调通过对话、协商实现纠纷的有效解决。⑫ 在刑事领域中,协商性司法追求控辩双方的对话、合作与协商,注重通过非传统刑罚方法解决刑事责任的承担问题。在协商性司法语境下,控辩双方通过协商与相互妥协达成具有合意性、互惠性的协议,以解决刑事责任

---

⑨ 参见汪海燕、付奇艺:《认罪认罚从宽制度的理论研究》,载《人民检察》2016年第15期。

⑩ 《指导意见》第8条规定:从宽处理既包括实体上从宽处罚,也包括程序上从简处理。"可以从宽"是指一般应当体现法律规定和政策精神,予以从宽处理。但可以从宽不是一律从宽,对犯罪性质和危害后果特别严重、犯罪手段特别残忍、社会影响特别恶劣的犯罪犯罪嫌疑人、被告人,认罪认罚不足以从轻处罚的,依法不予从宽处罚。

⑪ 参见刘东根:《恢复性司法及其借鉴意义》,载《环球法律评论》2006年第2期。

⑫ 参见韩德明:《协商性司法:理论内涵、实践形态及其语境》,载《南京社会科学》2010年第5期。

的承担程度和方式问题,法院正式判决也不再是确定刑事责任的唯一方式,通过一致意见的达成,许多刑事案件在审前阶段就可得到解决。在我国认罪认罚从宽制度中,这种"协商"主要体现为控辩协商。尽管在《指导意见》出台之前,曾有学者对认罪认罚从宽的协商性有所质疑,认为其应该是一种"听取意见式"的案件处理程序,⑬但《指导意见》正式规定,人民检察院在提出量刑建议前,应当充分听取被追诉人、辩护人或者值班律师的意见,尽量协商一致,以法律规范形式认可认罪认罚从宽的协商性质。在本质上,认罪认罚从宽也是协商性司法的一种模式,强调以控辩双方的合意意见作为案件快速办理的前提。协商性司法与恢复性司法都强调通过理性对话实现权利与权力、权利与权利的合作,皆可归为一种对话、协商机制。

但是,恢复性司法与协商性司法理念的目的存在差别。协商性司法旨在解决刑事司法在现代社会所面临的理论困境和现实压力,确保刑事司法系统在面对数量庞大、种类复杂的刑事案件时也能保持高效运转。恢复性司法则要求刑事诉讼应充分考虑被害人利益,在维护被追诉人合法权益的同时也能获得被害人的认可,恢复受损社会关系。

三、认罪认罚从宽制度与刑事和解制度的现实衔接基础

刑事和解制度和认罪认罚制度都体现了认罪协商的精神,都有提高诉讼效率的考量,在某些方面存在相似甚至共通之处,这为两大制度衔接机制的确立提供了必要的理论基础和实践支撑。

(一)设立初衷的相似

传统的对抗式诉讼固然有利于发挥各方主体的主观能动性,实现庭审实质化,但控辩双方的对抗可能耗费大量司法资源,影响诉讼效率。刑事和解程序与认罪认罚从宽制度的相继确立,初衷都是鼓励被追诉人尽可能在审前阶段就与被害人或者国家机关协商一致,在兼顾各方利益的同时节约司法资

---

⑬ 参见闫召华:《听取意见式司法的理性建构——以认罪认罚从宽制度为中心》,载《法制与社会发展》2019 年第 4 期。

源,提高诉讼效率。两大制度的参与主体均平等地进行沟通、交流。因此,相似的设立初衷为两大制度的衔接提供了理念支撑,扫清了衔接机制构建中因立法目的相异而可能造成的衔接机制不协调、目的不兼顾的情况。

(二)适用范围和适用阶段上的重合

刑事和解程序与认罪认罚从宽制度适用于侦查、起诉、审判三大阶段,覆盖刑事诉讼全过程。有学者认为,认罪认罚从宽中的认罚仅指对人民检察院量刑建议的认可,在侦查阶段不存在所谓的量刑建议,自然也不会存在认罚。[14] 但这种观点在《指导意见》中被否定。刑事和解与认罪认罚从宽一样,贯穿刑事诉讼全过程,不仅从程序上规定了认罪的具体表现,更将当事人之间的和解上升为影响量刑的实体从宽情节。[15] 构建认罪认罚与刑事和解的衔接桥梁,不仅有利于维护被害人合法权益,还可以利用刑事和解制度多年来的实践经验解决认罪认罚从宽制度在实践中遇到的难题,在实现案件繁简分流的同时进一步提高诉讼效率。

(三)从宽幅度的可契合性

刑事和解与认罪认罚不仅在程序上存在重合,在实体量刑方面也有所契合。《解释》[16]和《量刑指导意见》等规范文件都对刑事和解案件的从宽幅度作了界定。但我国《刑事诉讼法》及司法解释尚未对认罪认罚从宽制度的从宽幅度作出具体规定,实践中各级法院对这一幅度的把握存在差别。鉴于刑事和解程序的确立早于认罪认罚从宽制度,历经多年实践考验已打磨出一套较合理的量刑从宽标准。认罪认罚制度在探索相应的从宽标准时不妨借鉴刑事和解的有关经验,探索建立认罪认罚从宽语境下的量刑从宽标准。

综上所述,建立刑事和解制度与认罪认罚从宽制度的衔接机制,不仅在实然层面具有必要性,在应然层面也具备可行性。

---

⑭ 参见王亚红:《认罪协商制度中刑事和解与认罪认罚从宽的关系》,载《湖南科技学院学报》2018年第11期。

⑮ 参见程溪:《认罪认罚从宽制度与刑事和解的衔接机制构建》,载《公安学刊(浙江警察学院学报)》2017年第6期。

⑯ 《解释》第596条规定:"对达成和解协议的案件,人民法院应当对被告人从轻处罚;符合非监禁刑适用条件的,应当适用非监禁刑;判处法定最低刑仍然过重的,可以减轻处罚;综合全案认为犯罪情节轻微不需要判处刑罚的,可以免除刑事处罚。"

四、认罪认罚从宽制度与刑事和解制度的衔接机制构建

认罪认罚从宽制度与刑事和解制度本身兼具实体与程序双重属性，相应的衔接机制也应契合这一特点，从程序衔接机制和实体衔接机制两方面着手进行建构。程序衔接机制主要是将刑事速裁程序作为衔接二者的桥梁；实体衔接机制体现为在明晰认罚内涵基础上对3类案件从宽幅度的把握。

（一）程序衔接机制

刑事诉讼法中的认罪激励机制仍然以“认罪—量刑减让”为主要形式，这固然有助于鼓励被告人自愿认罪，在贯彻落实量刑从宽的政策要求上发挥积极作用，但这种认罪激励机制仅将目光放在实体刑罚的裁量减让上，对认罪认罚从宽制度应有的程序简化功能把握不够。对于自愿认罪认罚的和解案件被告人而言，实体量刑从宽和审理程序从简这种“双重从宽”要比单一的减轻处罚更有吸引力，将速裁程序设定为刑事和解制度与认罪认罚从宽制度的衔接桥梁也因此具备实然依据。

前已论及，在适用认罪认罚从宽程序的和解案件中，过失犯罪类和解案件被告人的人身危险性相对较小，再犯可能性相对较低。认罪认罚程序的启用与和解协议的达成可以使被害方、控诉方及被告方在刑事诉讼中的实际诉求更趋一致，即使适用速裁程序，在庭审难度与案件严重程度、被告人悔过力度上也足够匹配，与刑事速裁程序“用以解决被告人自愿认罪认罚的简单、轻微刑事案件”的初衷相符。⑰ 未来在修改《刑事诉讼法》时，不妨考虑将被告人认罪认罚的刑事和解案件都纳入速裁程序适用范围。适用速裁程序审理该类案件，不仅可以提升和解程序的实用性，还可以赋予和解协议以启动速裁程序的作用来救济受害方权利。此外，为了正确定位被害人在认罪认罚从宽制度中的地位，立法应当明确被害人意见的听取、记录及移送程序。因故

---

⑰ 根据《刑事诉讼法》第288条的规定，满足刑事和解条件的过失犯罪类案件，其可能判处的最高刑期应在七年以下。若被告人在与被害方达成和解协议的同时还自愿认罪认罚的，量刑从宽幅度会更大，实际判处的刑罚也越轻，在这一条件限制下，即便适用速裁程序审理被告人认罪认罚的过失犯罪类和解案件，量刑部分的审理难度也较有限。

未听取被害人意见的情形应属于程序违法,允许检察官对此提出抗诉,也允许被害人针对此情形向人民检察院申请抗诉,将被害人意见的听取与否纳入刑事程序合法性评判机制中。

(二)实体衔接机制[18]

在构建认罪认罚从宽制度与刑事和解制度的实体衔接机制之前,应厘清认罪认罚从宽中认罚的基本内涵,以便顺利进行下一阶段的调整。从前述规范及学界观点中不难看出,认罚的基本内涵应从"认"与"罚"这两项要件分析。"认之要件"应指被告人在自愿悔罪基础上作出的主动接受后续处罚结果的意思表示,"罚之要件"是指包括量刑建议在内的多元处罚结果,只有自愿真诚悔过的被告人,在充分知悉认罚的法律性质及可能涉及的法律后果的基础上,对检察机关提出的包括量刑建议在内的多元处罚结果自愿认可,并通过签署具结书方式固定下来,方可成立认罚。被告人既认罪认罚,又与被害方达成和解协议的,和解情节可以作为被告人真诚悔罪的直接依据,但被告人若想成立认罚并获得进一步的从宽,仅有真诚悔罪这一种表现远远不够,还必须在自愿、真实的基础上主动接受可能判处的刑罚结果,与检察人员就有关事项协商一致并以具结书形式固定,才能成立认罚。因此,刑事和解与认罚本身固然存在相似之处,但二者并不等同,更多是在证实被告人是否"真诚悔罪"这一命题内有所重合。被告人在达成和解协议的同时,还要具备其他的认罚要件才能成立真正意义上的"认罚",单纯的刑事和解情节也不足以证实被告人认罚。

在厘清认罚的基本内涵之后,下一阶段要解决的问题就是认罪认罚从宽制度与刑事和解制度在量刑幅度上的衔接。涉及这一问题的案件主要有3类:一是被告人认罪认罚的和解案件;二是被告人认罪认罚且获得受害人谅解但又不属于刑事和解范围的案件;三是被告人仅认罪认罚或者仅适用和解程序的案件。构建衔接机制时必须充分考虑案件的不同情况,避免"一刀切"。

---

[18] 明确认罪认罚从宽制度和刑事和解制度的实体衔接机制不仅有助于法官判断检察建议的适当与否,更可以让检察机关在提出具体量刑建议时有法可依,有规可循,确保量刑建议既能为被害人认可,又经得起法院的审判。

1. 被告人认罪认罚的和解案件

认罪认罚和解案件中的被告人悔罪性最强，不仅主动弥补被害人损失，又通过签署认罪认罚具结书大大减轻检察机关的控诉压力，提高案件诉讼效率。对这一类被告人，在量刑幅度上自然要与其悔罪性相适应，做到“宽严相济，轻重衔接”。

首先，对于达成和解协议的认罪认罚案件，犯罪嫌疑人自愿认罪悔罪且与被害人达成和解协议的同时，又符合不起诉条件的，人民检察院应当尽可能作出不起诉决定，仍要提起公诉的，必须以书面形式向被告人及其辩护律师说明理由。

其次，司法机关对认罪认罚和解案件的把握重点应当放在从宽幅度上面。《量刑指导意见》虽然对当事人达成刑事和解协议后的基准刑减轻幅度有所规定，但问题在于，和解以后被告人又认罪认罚的情节该如何“从宽”，对此，尚没有明确的法律规定作为回应。在之前的认罪认罚试点工作中，沈阳市中级人民法院在2017年发布的《关于刑事案件认罪认罚从宽制度试点工作的实施意见（试行）》[19]曾对该问题作出规定，“对于《关于常见犯罪的量刑指导意见》中规定的罪名，可以将认罪认罚作为犯罪事实以外的一个单独量刑情节，减少基准刑的10% ~30%”。这一规定不仅在实践中取得良好反响，也和学者建议在1/3幅度内进行量刑从宽[20]的观点不谋而合。因此，对于适用和解程序的认罪认罚案件，不妨借鉴沈阳市的试点工作经验，明确认罪认罚的从宽幅度原则上不得超过30%，遵循“30% ~20% ~10%”的梯度式层级评价规则。对于既认罪认罚又满足刑事和解条件的案件，在具体的从宽幅度及步骤设计上应当按照下列步骤依次进行：

第一步，对于被告人认罪认罚的和解案件，应当先就被告人认罪认罚的具体情节进行判断，根据被告人的具体认罪悔罪表现、认罪认罚的作出阶段、罪行严重程度等因素酌情对被告人予以从宽，在“30% ~20% ~10%”幅度内选择最适当的量刑从宽幅度。

---

[19] 参见胡云腾主编：《认罪认罚从宽制度的理解与适用》，人民法院出版社2018年版，第244页。

[20] 参见左卫民、吕国凡：《完善被告人认罪认罚从宽处理制度的若干思考》，载《民主与法治》2015年第4期。

第二步,对被告人的认罪认罚情节作出量刑从宽评价之后,应当对刑事和解这一量刑情节作出评价。对此,可以借鉴《量刑指导意见》中对于积极赔偿被害人损失和取得被害人谅解等情节的规定㉑。如果被害人是通过赔礼道歉或者其他非赔偿性手段达成和解的,可以减少基准刑的20%;通过赔偿损失方式达成和解的,可以减少基准刑的30%。此处20%和30%的基准刑减轻幅度应当与前述"30%~20%~10%"的减轻幅度叠加计算,相当于认罪认罚的和解案件被告人最少可以被减少30%的基准刑,最多可以被减去60%的基准刑。这种叠加式计算方法便于司法人员操作,既可以保证被追诉人的量刑情节得到充分评价,又可以防止从宽幅度过大带来的刑罚权威减损、矫正功能削弱等问题。㉒

第三步,在确定最终从宽幅度之前,司法工作人员应仔细审查不同量刑情节的评价次数,如果遗漏、重复评价某一情节的,应当及时调整,避免量刑情节的不当评价。

2. 被告人认罪认罚且获得被害人谅解但不属于刑事和解范围的案件

在这一类案件中,被告人也表现出了较强的悔罪态度,仅仅因为案件不属于和解范围就忽略其后续的悔罪表现显然有悖于宽严相济的刑事政策要求,更不利于被告人与被害人之间因犯罪行为而紧绷、破裂的社会关系的缓和、修复。对这一类案件,在从宽情节的评价顺序上与前一类案件应当有所区别。首先,对被告人认罪认罚的情节作出评价,在充分审查认罪认罚相关事项的基础上酌情减少基准刑的"10%~20%~30%"。其次,借鉴《量刑指导意见》的规定,获得被害人谅解的应减少原基准刑的20%,两种从宽幅度叠加适用,总的量刑从宽幅度不得超过原基准刑的50%。

3. 被告人仅认罪认罚或者仅与被害人达成和解协议的案件

对于此类案件应当区分案件情形分别讨论,如果被告人认罪认罚但拒绝

㉑ 《量刑指导意见(试行)》第9条规定:"对于积极赔偿被害人经济损失的,综合考虑犯罪性质、赔偿数额、赔偿能力等情况,可以减少基准刑的30%以下。"

㉒ 尽管有学者对量刑幅度的叠加适用持反对意见,但笔者认为,刑事和解与认罪认罚是两种不同类型的从宽情节,当被追诉人既认罪认罚又与被害人达成和解协议的,应当享受到两种程序带来的红利,而不是选择其一。如果两种程序分别适用成功,则应当对被追诉人叠加减刑,这与《量刑指导意见》的规定也是吻合的。

与被害人达成和解协议,或者因被害人的原因而未能达成和解协议的,应当对被告人适用认罪认罚从宽的内容作出处理;如果被告人与受害方已达成和解协议,但对检察机关指控的罪名、量刑建议存在异议,不能因此否定被告人的主观悔罪情节。检察人员应当倾听被告人的意见并对指控的罪名或量刑建议进行适当调整,确保认罪认罚从宽程序得到顺利适用,必要时还可以刑事和解协议为蓝本,在法定范围内制作认罪认罚具结书。

Study on the Cohesive Mechanism of Pleasant Punishment and Punishment from the Broad System and the Criminal Reconciliation System

Liu Yu

Abstract: The lack of an effective linking mechanism between the guilty plea punishment leniency system and the criminal reconciliation system makes it easy for the two to have cross-application cases such as "entity leniency is difficult to grasp, and leniency in implementing procedures is weak". On the basis of analyzing the cause of the problem, it is indicated that the two systems have a realistic basis for convergence. The construction of the cohesion mechanism should include two dimensions: procedural cohesion and substantive cohesion. One is to improve the criminal expedited procedure as the focal point of procedural cohesion; the other is to sort out the basic connotation of the recognition and punishment and set the corresponding wide range of three types of cross cases to make physical connections.

Key words: Pleading Guilty; Criminal Reconciliation; Criminal Speed program; Cohesive Mechanism

《西南法律评论》(第5卷·总第34卷)
第132～143页

黑恶势力犯罪中"保护伞"的认定问题研究

袁佩君*

摘　要：黑恶势力的发展和壮大往往离不开"保护伞"的作用，打"伞"对扫黑具有根源性的治理价值。最高人民法院近年来公布的司法解释对此虽着重打击，但在具体规定上还不够清晰。首先，司法解释并没有明确"保护伞"的认定要件，导致司法实务中判断标准不一，出现适用疑难。其次，在定罪量刑上存在空白罪状，当包庇、纵容黑社会性质组织罪和渎职类犯罪竞合时，难以正确处理二者关系。鉴于此，文章从典型案例出发对上述问题进行分析和论证，总结得出认定"保护伞"要判断是否存在足以被实质评价为"保护"的行为，被保护的对象应为整体的黑恶势力犯罪组织，主体范围特定为国家公职人员，主观上具有犯罪故意。在包庇纵容黑社会性质组织罪和渎职类犯罪的竞合问题上，选择从一重罪的处罚方式。

关键词：黑恶势力犯罪；"保护伞"；认定标准

---

* 云南大学法学院2018级刑法学硕士研究生。

一、问题引入

（一）案情简介

案例一，某市公安局民警梁某、龚某对涉黄场所监督失职，导致赖、徐2人利用监管漏洞以经营发廊店为名，组织、介绍、容留多名女性从事卖淫活动，造成恶劣影响。调查得知，2人的监督失职行为在于未对辖区内涉黄场所定时检查，未对当地流动人员建立严格的治安管理档案，但与该团伙不存在不正当利益往来。2019年6月，2人被认定为“保护伞”，被通报并被检察机关提起公诉。①

案例二，某市企业家兼政协委员何某干预公安执法，包庇其弟何某某的黑社会性质组织犯罪。何某某（黑社会性质组织领导人）在该市经营多家娱乐场所，豢养大批黑社会性质组织成员进行卖淫嫖娼、赌博、贩卖毒品等违法犯罪行为。每当公安部门进行监管，何某就以企业家和政协委员的身份给公安局局长打电话，干预公安执法。②

（二）司法实务分歧

上述两则案例中，梁某、龚某及何某均被认定为黑恶势力“保护伞”，但其有所不同。案例一中，梁龚2人的犯罪行为主要是监管失职，放任辖区内犯罪团伙的发展，但仅因履职过程的疏忽被定性为“保护伞”。对此，司法实务中存在两种截然不同的意见，一种观点认为，梁龚2人的失职行为客观上帮助了犯罪团伙的壮大且犯罪团伙性质恶劣构成恶势力，就应当认定为“保护伞”；另一种观点则认为，认定“保护伞”首先要求行为人有保护黑恶势力团伙的故意，保护行为是主动为之，并对黑恶势力犯罪的发展起到了助益作用。本案梁龚2人与卖淫团伙素不相识且无金钱利益往来，不存在保护其发展的犯罪故意，而属于玩忽职守的表现，不能定性为“保护伞”从重处罚。

---

① 参见《陕西通报八起涉黄赌毒和充当黑恶势力“保护伞”典型案例》，载微信公众号“法律家”2019年12月10日，https://mp.weixin.qq.com/s/MMyvV5JHGxWpjyYRXqIePg。

② 参见安仁检察：《扫黑除恶75起“保护伞”案例大数据分析》，载腾讯网，https://xw.qq.com/cmsid/20181212A0R2M3？pgv_ref=share&ADTAG。

案例二中,何某构成“保护伞”毫无疑问,但在具体罪名适用上存在争议,是基于其政协委员和企业家的身份按照渎职类犯罪下具体罪名定罪处罚,还是依据其在黑社会性质组织犯罪中的参与行为进行定罪处罚。另外,当犯罪嫌疑人同时触犯多个罪名时,具体定罪上也存在不同意见。例如,行为既构成包庇纵容黑社会性质组织罪也构成徇私枉法罪,一部分人认为,属于法条竞合,应当按照特别法优于一般法的原则处理,定一罪即可;另一部分则认为,犯罪嫌疑人的行为侵犯多个法益,应当数罪并罚,否则会发生遗漏评价。

二、黑恶势力“保护伞”认定标准讨论

实务中,对“保护伞”案件的侦办往往先从黑恶势力犯罪案件开始,在案件的办理过程中公检法分工协作、相互配合,发现黑恶势力背后的力量,但是在黑恶势力“保护伞”的认定上,公检法却并不完全统一。

公安机关对司法实践中“保护伞”的认定范围最广,成立门槛最低,一般认为侦查的案件属于黑恶势力犯罪,国家机关工作人员和犯罪有金钱、人情等利益往来,就认定为“保护伞”。

相较而言,检察院在“保护伞”的认定上就严格得多,首先,需要考察黑恶势力保护伞保护的是黑恶势力犯罪;其次,国家机关工作人员的职务行为一定要与黑恶势力犯罪之间存在保护与被保护的关系。

法院在具体认定“保护伞”以及定罪量刑上最严格,除了检察院的标准外还包括对“保护伞”主体资格、具体保护类型、提供保护的时间、主观故意、参与犯罪程度等的审查判断。

刑法学界对“保护伞”的研究较少,且这少数讨论中,大多数学者从“四要件”的角度出发。这些学者们认为“保护伞”多指国家工作人员包庇纵容黑、恶势力犯罪,不仅为其提供政治便利,更进行司法庇护,还有甚者直接参与犯罪,起到组织或者领导的作用,把控犯罪走向。[③] 成立“保护伞”一般应当具备四个方面的要件:认定的主体上,主要包括国家机关工作人员在内的行使

---

③ 参见黄立:《“保护伞”研究》,载《河北法学》2005年第8期。

国家权力、执行国家公务的人员；主观要件上，“保护伞”应当对被包庇保护的黑恶势力犯罪存在认识，包括直接故意和间接故意；客体上，侵犯国家所要保护的社会安定和公职人员职务的纯洁性；客观要件上，必须具备包庇、保护黑恶势力犯罪的行为。

结合司法实务的认定基础和学术界的理论探讨，笔者认为“保护伞”应当满足以下要件：

1. 主体要件，黑恶势力犯罪“保护伞”主体应特定为国家公职人员。部分学者认为黑恶势力“保护伞”的主体，只能是国家机关工作人员，理由是“保护伞”主要是那些能够为黑社会性质组织提供最直接、有效的权力庇护并供职于国家社会管理职能部门的工作人员。④ 也有学者持不同意见，主张将“保护伞”的范围局限于国家机关工作人员是错误地认为只有依靠权力之便，才能对黑社会性质组织或者恶势力犯罪团伙进行包庇和纵容，“保护伞”的范围应当包括国家工作人员和具有一定影响力的人。⑤

笔者认为，“保护伞”的主体范围应当限定为国家公职人员，即包含国家机关工作人员和在国家党政机关、人民团体、国有企事业单位从事公务的人。一方面，将“保护伞”限定为国家公职人员符合扫黑除恶专项斗争中打黑与惩腐相结合的深层目标；另一方面，虽然具有一定影响力的人通过其拥有的财富或者信息平台确实能为黑恶势力犯罪的发展提供便利，但是在保护层面欠缺实质要件，顾名思义，保护黑恶势力违法犯罪行为的发展和存续，免受国家司法机关的制裁和惩罚才是“保护伞”保护的实质要义，为达到这一要义，需要“保护伞”具备国家公职人员的身份。

2. 保护对象要件，“保护伞”保护的对象应为整体性的黑恶势力犯罪组织，这是认定的重要基础。打击“保护伞”的前提应当是犯罪团伙实施了性质为黑恶势力的犯罪，进而在侦办或惩处的过程中发现为其提供保护或干扰执法的势力，此处强调是对黑恶势力组织的整体性保护，如果国家公职人员仅是为组织内部的某个成员实施的普通违法犯罪提供庇护，那么应当根据其具

---

④ 参见莫洪宪：《黑社会性质组织认定相关问题探讨》，载《湖北社会科学》2011 年第 1 期。

⑤ 参见王秀梅、戴小强：《“打伞”式扫黑的法理分析》，载《河南警察学院学报》2014 年第 6 期。

体犯罪行为认定相应罪名,不能认定为“保护伞”。

另外,当被保护对象处于形成发展阶段,尚未完全具备黑社会性质组织或者恶势力团伙全部特征时,应该谨慎认定“保护伞”。实务中为把黑恶势力犯罪扼杀在摇篮,对早期还处在向恶势力或者黑社会性质组织发展的犯罪团伙着手打击,那么,在此过程中发现的保护势力能否认定为“保护伞”?对此,笔者持否定态度,一来,犯罪形态的发展具有不可预测性,萌芽期的犯罪团伙能否发展为具有黑恶性质的组织未知,中途可能因为资金不足、人员不稳定而中止发展。二来,就算具备了黑社会性质组织的组织特征,也可能在犯罪过程中出现犯罪未遂和中止,无法实现非法控制的经济和行为特征,所以保护对象必须具备完整的构成要件,防止处罚范围的不良扩大,违反罪刑法定原则。

3. 主观要件,“保护伞”在实施保护行为时,应当对被保护的对象存在认识,即主观上具有故意,包括直接故意和间接故意,但不包含过失形态。直接故意比较容易判断,但间接故意就需要考察对行为人“明知”的理解。假如黑社会性质组织实施了表面上具有合法性的活动,国家机关工作人员为其办理相关事宜,能否构成包庇、纵容黑社会性质组织罪?有学者认为,这取决于行为人是否明知所谓的正当行为是为了非法目的而实施的,在明知的条件下为其办理相关事宜,就可构成本罪。⑥ 笔者对此持否定态度,理由如下:其一,明知是一种主观构成要件,包括已经知道或可能知道,这种认识内容的概然性,一定程度上很难通过客观层面的证据来加以判断,就算证明国家机关工作人员当时知道前来注册公司的人具有黑社会性质,但在其未被定罪处罚之前仍然是中华人民共和国合法公民,国家机关工作人员就不得拒绝为其办理合法的业务。其二,《中华人民共和国刑法》(以下简称《刑法》)第294条第3款规定的“纵容黑社会性质的组织进行违法犯罪活动”,此处的违法犯罪活动能否包含预备行为,需要进一步理解法条的深层含义。根据刑法理论,违法犯罪活动可分为正在发生的实行行为和将要发生的预备行为,“进行违法犯罪”表明行为人已经进入违法犯罪活动阶段。换言之,对于纵容正在进行的犯罪

⑥ 参见刘志伟:《包庇、纵容黑社会性质组织罪客观要件中疑难问题研析》,载《政治与法律》2002年第4期。

活动而言,不仅包括纵容实行犯,也理应包括纵容预备犯。然而,即使将预备行为包含进本罪的“犯罪活动”,也不意味着为犯罪购买房产的登记行为或者申办营业执照等合法的业务办理行为属于本罪包庇的预备行为。若犯罪行为只有预备行为而没有进入实行阶段,可能存在扩大刑法处罚范围的嫌疑。以违背社会相当性作为预备犯成立的标准,诸如为开办公司所进行的合法行为很难说偏离了正常社会生活规范。⑦ 其三,过分强调非法目的,可能导致司法机关过于依赖口供定罪,而刑事责任问题的解决不能只考虑客观违法或者主观层面的因素,更需要综合全局,坚持主客观相统一的原则。

那么,对于“保护伞”的认定,主观明知要达到何种程度,是否需要国家机关工作人员认识到被包庇、纵容的对象是黑恶势力或者仅是从事违法犯罪活动的组织?根据2009年《办理黑社会性质组织犯罪案件座谈会纪要》的规定,行为人须认识到被包庇保护的对象具有违法性,该规定在认识层面上采取较宽泛的标准,对此,笔者存在不同看法。首先,根据宽严相济的刑事政策,应该严格把控本罪的适用门槛,从事违法犯罪活动的组织与黑社会性质组织之间不具有等价性,黑社会性质组织必然具有违法性,恶势力也具有违法性,若仅以违法性作为判断依据,就不需要对包庇保护恶势力的国家机关工作人员定其他的罪名。其次,从主客观相统一的角度出发,为保障刑事责任的合理性,防止主观要素和客观要素分离,客观上包庇、纵容黑社会性质组织的行为必然需要与主观认识相统一。然而,客观上对包庇、纵容犯罪行为的要求已达成具体、特定的程度,但主观上仅要求认识到行为的违法性,未免存在主客观相分离的现象。上述规定在一定意义上并没有遵守此项原则。

4. 行为要件,即需要对黑恶势力犯罪提供保护。保护的行为方式多样,但实质上要对黑恶势力犯罪发展起到免受司法制裁的作用。“保护伞”存在的重要原因是政府公共权力的异化,通过权力“寻租”和出让获取个人利益。认定“保护伞”需要客观上存在保护行为,并起到实质保护作用。有学者认为,某公司老板为黑恶势力团伙提供资金和场所支持也属于此意义上“保护”,应当认定为“保护伞”,但其实欠缺实质要件,即免受司法制裁,只有司法

---

⑦ 参见王秀梅、戴小强:《“打伞”式扫黑的法理分析》,载《河南警察学院学报》2014年第6期。

层面的干涉才是“保护伞”保护的实质要义。

保护行为包括积极的作为和消极的不作为，以包庇、纵容黑社会性质组织罪为例，“包庇”主要指国家机关工作人员为使黑社会性质组织成员免受法律制裁积极作为，采取通风报信、串通案情、枉法裁判、隐匿罪证等方式实现包庇目的；“纵容”是指有案不立、立而不侦，对职责范围内的义务不积极履行。此处需要注意，实施包庇、纵容的国家机关工作人员是否能转化成黑社会性质组织的参加领导者？笔者认为，两者间存在转化的可能性：首先，从行为表征来看，组织参加黑社会性质组织与包庇纵容行为并不矛盾，例如，扫黑办重要成员同时是某黑恶势力公司的股东，参与出资分红，在扫黑案件办理过程中为黑恶势力通风报信、出谋划策，制订周详的犯罪计划，一旦包庇或者纵容行为达到一定程度，完全可以转化为犯罪的组织成员并成为领导者。其次，从法律规定上看，最高人民法院、最高人民检察院、公安部、司法部《关于办理黑恶势力犯罪案件若干问题的指导意见》也未对黑社会性质组织的成员或者组织、领导者进行限制，要求黑恶势力的犯罪分子不可以包含国家机关工作人员。由此也说明了两罪的行为主体并非严格限定，但具体罪名的确定需要结合其他要素综合判断。

三、“保护伞”的定罪与渎职类犯罪的关系分析

“保护伞”在罪名的适用上存在诸多问题，尽管2019年10月最高人民法院、最高人民检察院联合国家监察委员会、公安部、司法部出台了《关于在扫黑除恶专项斗争中分工负责、互相配合、互相制约　严惩公职人员涉黑涉恶违法犯罪问题的通知》(以下简称《通知》)，但仍然没有厘清和渎职类犯罪的关系，学界对此也存在诸多不同见解。有学者认为，“保护伞”在黑恶势力犯罪中实施的行为同时触犯多个法条，除了黑恶势力犯罪专属罪名外也构成《刑法》“分则”第九章的渎职犯罪，属于法条竞合的，按照特别法(主体、场合)优于一般法的原则以相关渎职犯罪予以处理。⑧ 另有学者认为，刑法基本

---

⑧　参见杨迎泽、郭立新主编：《刑法分则适用疑难问题解》，中国检察出版社2000年版，第269页。

原则是罪刑相适应,即使存在法条竞合的情况,但按照包庇、纵容黑社会性质组织罪定罪更符合刑法基本原则的要求。[⑨] 那么,黑恶势力“保护伞”定罪与渎职类犯罪之间究竟是何种关系,应当如何处理,值得我们进一步探究。

对于“保护伞”可以区分为两种类型:一种是恶势力犯罪的“保护伞”,另一种是黑社会性质组织犯罪的“保护伞”。对于黑社会性质组织犯罪的“保护伞”,《刑法》第 294 条明确规定了专属罪名包庇、纵容黑社会性质组织罪,对于超出包庇、纵容之外的行为,可根据“保护伞”的具体行为类型认定为具体渎职类犯罪,恶势力的“保护伞”法律没有明文规定只能认定为渎职类下具体罪名。所以,实践中争议焦点出现在司法工作人员在案件诉讼过程中实施了包庇、纵容黑社会性质组织的系列行为,该行为涉及法条竞合,是按照涉黑专属罪名包庇、纵容黑社会性质组织罪定罪处罚,还是以渎职犯罪中的徇私枉法罪认定犯罪。

对于《刑法》第 294 条与第 399 条之间存在的法条竞合关系,能否按照特别法优于普通法的原则定相关渎职类罪名呢?笔者并不赞同,两罪名虽然存在法条竞合,但应该进一步细化,《刑法》第 294 条与第 399 条之间的关系属于交叉竞合。从犯罪构成角度分析,包庇、纵容黑社会性质组织罪的犯罪主体包含的行为类型广于徇私枉法罪,但是,后者在犯罪的主观形态、目以及犯罪客体方面的外延又要宽于前者。[⑩] 因此,当面临特殊情况,犯罪主体是司法工作人员,犯罪行为是利用职务便利徇私包庇、黑社会性质组织及其成员,即交叉竞合了包庇、纵容黑社会性质组织罪和徇私枉法罪,选择适用其一时,应根据具体规定来确定特殊法条,比较得出哪种罪名刑罚更重。

根据《通知》的规定,“国家机关工作人员包庇、纵容黑社会性质组织,该包庇、纵容行为同时还构成包庇罪、伪证罪、妨害作证罪、徇私枉法罪、滥用职权罪、帮助犯罪分子逃避处罚罪、徇私舞弊不移交刑事案件罪,以及徇私舞弊

---

⑨ 参见刘志伟:《包庇、纵容黑社会性质组织罪主体与主观方面疑难问题研析》,载《国家检察官学院学报》2002 年第 1 期。

⑩ 参见骆多:《黑社会性质组织“保护伞”定罪疑难问题实证研究》,载《重庆理工大学学报(社会科学版)》2015 年第 2 期。

减刑、假释、暂予监外执行罪等其他犯罪的,应当择一重罪处罚”。[⑪] 那么包庇纵容黑社会性质组织罪和徇私枉法罪二者之间孰重孰轻?《刑法》第294条第3款规定了包庇纵容黑社会性质组织罪,“国家机关工作人员包庇黑社会性质的组织,或者纵容黑社会性质的组织进行违法犯罪活动的,处五年以下有期徒刑;情节严重的,处五年以上有期徒刑”。根据《刑法》第399条的规定,徇私枉法罪的法定刑为“处五年以下有期徒刑或者拘役;情节严重的,处五年以上十年以下有期徒刑;情节特别严重的,处十年以上有期徒刑”。比较发现,在两者均为基本犯的时候,徇私枉法罪的量刑幅度较低,适用包庇、纵容黑社会性质组织罪更符合法条竞合的原则;但当两者都是加重犯的情况下,两罪名哪个更重则需要进一步讨论。2000年最高人民法院《关于审理黑社会性质组织犯罪的案件具体应用法律若干问题的解释》对于包庇、纵容黑社会性质组织罪的“情节严重”作出了具体规定,但是徇私枉法罪加重犯的情形却没有专门的司法解释,无法比较两者“情节严重”是否具有当然的实质内涵。值得思考的是,如果包庇、纵容黑社会性质组织罪的加重情形通常相当于徇私枉法罪的“情节严重”时,徇私枉法罪中的“情节特别严重”程度又该如何评价,两罪刑罚孰轻孰重就有待进一步探讨。

另外,假设行为人的行为已经竞合了包庇纵容黑社会性质组织罪和徇私枉法罪,那么又发现了受贿情节时,这三者之间同时发生竞合时应该认定何种罪名也是当前学界讨论的难点。因为,《刑法》第399条第4款规定,犯徇私枉法罪同时又构成受贿罪的,“依照处罚较重的规定定罪处罚”。按照此法条,当3种罪名同时发生竞合,应该是在这3个罪名中选择重罪来定罪处罚,那么可能出现这种情况,司法机关工作人员同时存在受贿、对黑恶势力犯罪组织成员包庇纵容、滥用职权,构成3种犯罪行为的竞合,在定罪上可能不会定徇私枉法罪,而直接按照受贿罪进行处罚。但是,倘若行为人先徇私枉法包庇纵容黑社会性质组织罪而后收受贿赂,并未形成3种罪的竞合,则不宜适用《刑法》第399条第4款,仍应实行数罪并罚,只是一个行贿时间的问题,就可能造成量刑上不均衡,这就凸显出法律体系的内部矛盾。

---

⑪ 《关于在扫黑除恶专项斗争中分工负责、互相配合、互相制约 严惩公职人员涉黑涉恶违法犯罪问题的通知》。

因此，妥善理清“保护伞”的定罪和渎职类犯罪的关系，需要与整个刑法法律体系相协调，司法解释的出台也应当兼顾现行法律的相关规定，统筹兼顾，更好地为司法实践中出现的疑难问题提供明确的解决思路和方向。

四、对前述案例的评述

行文至此，有必要对前文提及的两个案例在“保护伞”认定上作出简要评述。

案例一涉黄场所监管失职案，公安机关查获该卖淫团伙后对辖区责任人梁龚2人以黑恶势力犯罪团伙“保护伞”来认定并追究责任并不合理。

首先，2人虽然主体要件适格，却缺少保护的对象要件，认定“保护伞”的保护对象必须是黑恶势力犯罪性质的案件，而案例中赖某、徐某的卖淫团伙是否具备黑恶势力犯罪团伙性质有待争议。客观分析来看，卖淫团伙中仅赖、徐2人为组织者，其余均为卖淫女性，无打手保安，虽然在当地社会产生一定影响但是并未影响人们正常生产生活，显然，在组织和经济特征上都不满足，不构成黑社会性质组织犯罪。恶势力团伙成立要求纠集者或者骨干成员3人以上，行为具有暴力性，对当地经济和社会秩序产生破坏，显然，以赖徐为中心的卖淫团伙在纠集人数上没有达到该标准，组织卖淫行为也不具备暴力性特征，具有社会不良影响但尚未达到扰乱经济社会生活秩序的程度，也不符合恶势力团伙的性质要求。既然赖、徐2人的卖淫团伙所实施行为都不属于黑恶势力犯罪，“保护伞”保护的对象条件不复存在，梁、龚2人就不可以被认定为“保护伞”。

因此，案例一中梁、龚2人属于玩忽职守，与黑恶势力犯罪无关，仅根据《刑法》第397条认定为玩忽职守罪即可，不需要被认定为“保护伞”从重处罚。

案例二中企业家兼市政协委员何某包庇黑社会性质组织犯罪，干预公安执法。从保护的对象来看，其弟的黑社会性质组织犯罪事实确认无疑，何某对其弟的犯罪事实也存在认识，具备主观故意；以政协和企业家的身份干预公安执法，保护行为明确，但能否认定何某构成黑恶势力“保护伞”关键在政协委员是否属于国家公职人员。

参照《中华人民共和国监察法》第 15 条的规定,政协委员属于国家公职人员的序列,可以认定为“保护伞”,但应以何种罪名处罚则需要讨论。包庇、纵容黑社会性质组织罪的主体特定为国家机关工作人员,根据我国宪法的相关规定,政协委员只是民意代表,其人员来自各行业的杰出人士,除非其本人有公务员身份,否则不纳入行政编制,不行使国家权力,不属于国家机关工作人员。

按照 2019 年 10 月《通知》的规定,在共同包庇、纵容黑社会性质组织案件中存在国家机关工作人员和非国家机关工作人员两种主体时,应当对二者按照包庇、纵容黑社会性质组织罪的共犯论处。此时如果非国家机关工作人员还构成其他犯罪,则从一重罪处罚。若何某与国家机关工作人员之间存在共谋,则可构成包庇、纵容黑社会组织罪的共犯。未存在共谋,则应根据何某具体在该黑社会性质组织犯罪中的作用和参与的行为定罪处罚,例如,可能存在向国家机关工作人员行贿的行为,成立行贿罪;为犯罪分子提供隐蔽住所或者财物,帮助其逃跑,可构成窝藏、包庇罪等。

Research on the Identification of “Umbrella” in the Crime of Black Evil Forces

Yuan Peijun

Abstract: The development and expand of crimes committed by the black and evil forces is closely related to the “umbrella”, and cracking the “umbrella” has rooted governance value in cracking down on the underworld. Although the judicial interpretations issued by the Supreme People’s Court in recent years focus on the cracking down, there are still vague specific provisions. First of all, the judicial interpretation does not specify the identification requirements of “umbrella”, which leads to the inconsistency of judgment standards in judicial practice and the difficulty of application. Secondly, there are blank indictments in the conviction and sentencing, and it is difficult to deal with the relationship between them when covering up and conniving the crime of triad organization and the crime of malfeasance. In view of this, the article embarks from the typical cases to analyze the above issues and arguments, and concludes that the definition of "umbrella" is related to that whether there is enough to be real evaluation to "protect" the behavior of a protected object should be black evil forces of the whole crime organization, scope of subject specific civil servants to the nation, and subjective criminal intention. The punishment mode of choosing one felony should be adopted in dealing with the concomitant relationship between the crime of sheltering and conniving triad and the crime of malfeasance.

Key words: Black Evil Force Crime; "the Umbrella"; Standards

《西南法律评论》(第5卷·总第34卷)
第144~158页

对"孤证不能定案"规则的解读与反思

马 可*

摘 要:"孤证不能定案"一直以来都是我国刑事诉讼法中一项重要的理念,该理念在司法实践中的适用范围非常广泛,它不仅在审查单个证据的证明力以及判断案件部分事实中有着不容小觑的作用,而且在综合认定全案事实时也发挥着支配性的作用。但是我国法律一直没有将"孤证不能定案"作为一项原则或规则进行明确,学界对于"孤证不能定案"也没能达成较为统一的解读,这都使该规则在适用过程中产生了诸如沦为纯粹数量规则从而导致事实认定模式僵化等突出问题。本文对"孤证不能定案"规则从历史学考察、域内外对比以及不同规则间的比较分析三方面进行了多维度解读与反思,得出了我们在刑事司法程序中应当在限定"孤证"的范围与类别的前提下对"孤证不能定案"规则进行有限适用的结论。

关键词:孤证;众证定罪;补强规则;印证规则

* 甘肃政法大学2018级刑事诉讼法专业硕士研究生。

一、一个关于“孤证”的案例所引发的思考

2003年,某地陆续发生了数十起专门针对老年妇女的团伙性系列诈骗案,该犯罪团伙共计3人,专门利用一些老年妇女的封建迷信心理,以为其本人或家庭破财免灾为诱饵进行诈骗,诈骗金额高达数十万元。诈骗的主要手段是让老年妇女在不被家人知悉的情况下将家中财物放置在行骗者指定的佛像之下一定时间,行骗者在这段时间内找机会取走财物。被害人对行骗者的说辞深信不疑,直至行骗者所说的“那段时间”经过后被害人去佛像下取回财物时发现财物不翼而飞才知道自己上当受骗。行骗者利用相似的方法多次作案。2003年8月6日,诈骗团伙中的一名行骗者在菜市场买菜时,被一名被害人认出,被害人将其扭送到当地公安机关。之后,数十名被害人陆续前往公安机关进行辨认,其中,5名被害人在辨认之后认定该行骗者为3人犯罪团伙中的一人,这5名被害人之间并不认识,而该行骗者始终都没有进行有罪供述,侦查机关对其住所进行搜查也没能发现任何可疑物品。①

本案经过侦查、起诉后进入审判程序,在一审过程中,辩护人以事实不清、证据不足为由为被告人进行无罪辩护。辩护人认为,起诉书所指控的罪名是由5起犯罪事实所组成的,且每一起案件的犯罪事实都是单独成立的,因而对于每一起单独的犯罪事实均需要公诉机关以完整的证明体系予以证明。在本案中,能够认定被告人有罪的直接证据仅有被害人陈述,作为间接证据的被害人辨认笔录尽管有5份,但它们之间并没有任何联系,仅仅只是数量的相加,丝毫没有对案件的证据质量产生影响,不免有“三人成虎”之嫌,根据“孤证不能定案”的理念,不能认定本案被告人有罪。

公诉机关以及一审法院判决被告人构成诈骗罪的主要证据和理由是:第一,公安机关所掌握的5名被害人的陈述以及他们的辨认笔录都直接或间接地证明了被告人曾对他们实施了诈骗的犯罪事实;第二,公安机关收集到了5

① 本案例引用自邱裕华、贾宇《浅析刑事诉讼中的“孤证不能定案”》一文。本文为突出主题,对此案例进行了适当删改,但并未脱离其核心内容。

名被害人在被骗当日于不同银行进行取款的取款凭证并调取了每个人取款时当天银行的监控视频;第三,5名被害人所陈述的被骗经历基本相似甚至相同。基于以上证据和理由,一审法院认为本案的案件事实清楚,证据确实、充分,足以认定被告人犯有诈骗罪。

虽然一审法院认定被告人有罪,但是二审法院将其发回一审法院重审,而最终因为证据不足判决被告人无罪。本案就属于"孤证不能定案"规则在司法实践中的一个具体体现,而本案最大的争议点其实在于辩护律师和公诉机关对"孤证不能定案"内涵理解的差异。

二、对"孤证不能定案"内涵的多维解读

对于什么是"孤证不能定案",我国学术界众说纷纭。有的学者认为,"孤证",是指在对一个案件的关键事实进行证明时只存在一个证据,或者一个案件中仅存在一个直接证据。[②] 不过,司法实践中很少存在一个案件中最终只发现一个证据的情况。有的学者在单个有罪证据的基础上,将由该单个有罪证据出发得出的多个同源证据以及多个孤立存在,彼此无法相互印证、佐证的证据也看作是"孤证"。[③] 还有学者认为,一个案件的证据是否属于"孤证"的范畴,不仅要从多方面对该证据本身的情况进行判断,而且要看是否有其他证据能够对该证据进行印证或佐证,以及该证据在全案证据体系中所处的地位等问题,只有在经过全面的衡量之后才能够判断一个案件的证据是否属于"孤证"。[④] 这种观点的核心在于证据之间的相互印证或佐证,证据必须要在与其他证据之间的关系中体现其证明力。

对于"孤证不能定案"的含义,既无学术界的一致结论,也没有法律上的规定,这不免使"孤证不能定案"在实践中的运用产生了一定程度的异化。这

② 参见阮堂辉、王晖:《"孤证"或证据"一对一"的困境及其出路》,载《湖北社会科学》2008年第5期。

③ 参见杜文静:《"孤证不能定案"的逻辑证成》,载《学术研究》2017年第11期。

④ 参见陈瑞华:《理想与现实——从实证的角度看中国的刑事审判方式改革》,法律出版社2002年版,第416页。

种异化在司法实践中多体现为"孤证不能定案"演变成一种宽泛化的数量规则,有时,它甚至沦为给部分被告人开脱罪责的"罪魁祸首"。

(一)"孤证不能定案"的历史学考察

为了对"孤证不能定案"进行比较深入的探析,笔者想要在此先谈一谈"孤证不能定案"的出处。我国现行法律文本中并没有明确"孤证"一词,有学者对"孤证"的出处进行了考证,得出的结论是:"孤证"一词源自中国史学传统中"孤证不引"这一规范。所谓"孤证不立,难偏概全",以孤证定论属于史学家尤其是考据学派史学家的大忌讳,⑤"孤证不能定案"在某种程序上可以看作"孤证不为定"这一史学观的法律版本。

不过,对于这种溯源,笔者持否定态度。在笔者看来,我们现在所说的"孤证不能定案"并不是对史学观中"孤证不为定"的承继。在如何对史学进行研究这一问题上,史学家中的乾嘉学派强调"不以孤证自足,必取之甚博"。⑥ 梁启超则将"孤证不为定"看作一种"无反证者姑存之,得有续证则渐信之,遇有力之反证则弃之"的史学研究方法。⑦ 史学与法学虽然都属于人文社会科学的范畴,但是两者的性质与特征却有着较大的区别。史学更加强调对历史上发生过的客观事实的还原,但是由于历史事件与现今相隔时间久远,史学家无法简单地通过历史留存下的实物或考古发现的实物对当时的历史事实进行还原,他们更多的是通过前人记述的史料去了解当时所发生的事情。历史留存下的实物或考古发现的实物可以归入实物证据范畴,前人记述的史料可以归入言词证据的范畴。因为言词证据与实物证据相较而言更容易失真,所以,史学观中的"孤证不为定"主要强调的是不同史料之间要在彼此相互印证或多个史料对某一史料进行佐证之后才能得出相对确定的结论。但就法学而言,虽然在诉讼程序中也强调对案件事实的还原,但是由于受到诉讼时效等限制,司法实践中的案件从发生到审判的时间跨度并没有史学那么大,法学的证据种类也更加丰富,而不同种类证据的证明力大小也存在差

⑤ 参见邢环中:《孤证不能定案——中国版的证据补强规则》,载《黑龙江省政法管理干部学院学报》2006 年第 6 期。

⑥ 参见邢环中:《孤证不能定案——中国版的证据补强规则》,载《黑龙江省政法管理干部学院学报》2006 年第 6 期。

⑦ 参见梁启超:《清代学术概论》,上海古籍出版社 1998 年版,第 47 页。

别,再加上法学界对“孤证不能定案”含义的界定方式多样,在某些含义下不排除“孤证”定案的可能性。

虽然“孤证不能定案”与我国史学中的“孤证不引”规范不尽相同,但在我国的古代立法中其实有“众证定罪”一说。根据《尚书 · 吕刑》的记载,早在我国西周时期就有“简孚有众”的证据原则,⑧该原则被认为是后来出现的“众证定罪”原则的渊源。⑨ “简孚有众”的思想理念在历经朝代的更迭后在唐代以“众证定罪”的形式被固定下来。《唐律疏议 · 断狱》第 474 条⑩就有对“众证定罪”原则的明文规定。

在我国古代以“三”为众,“众证”应该理解为 3 份及其以上的证据。“众证定罪”是我国古代“慎刑”思想的一种体现。我国古代法律中的“众证”主要集中在言词证据的范畴,包括的证据种类有被告人供述和证人证言两种。

(二)口供补强规则、证据相互印证规则与“孤证不能定案”

自改革开放之后,在我国的司法实践中就形成了“孤证不能定案”的理念。⑪

“孤证不能定案”这一理念在我国法律中的最初体现可以追溯至 1979 年《中华人民共和国刑事诉讼法》(以下简称《刑事诉讼法》)第 35 条的规定。⑫不过,与其将这条法律条文当作是我国法律对“孤证不能定案”这一理念的法定化,不如将此条文说成是口供补强规则。我国刑事诉讼法之所以规定口供补强规则,主要是为了不让口供证据成为认定案件事实的唯一证据。

虽然刑事诉讼法对于口供补强规则的规定体现出了“孤证不能定案”的理念,但不能就此法律条文说我国法律中有对“孤证不能定案”的原则性或规

---

⑧ 参见施陈继:《中国传统证明力标准的现代价值——从“众证定罪”到“孤证不能定案”》,载《黑龙江省政法管理干部学院学报》2017 年第 5 期。

⑨ 参见梁凤荣:《吕刑在中国法律史上的地位与影响》,载《法学研究》2009 年第 1 期。

⑩ 此处的法条表述是:“考讯不合考讯者”部分明文规定:“诸应议、请、减,若年七十以上,十五以下及废疾者,并不合考讯,皆据众证定罪,违者以故失论。若证不足,告者不反坐。”钱大群:《唐律疏议新注》,南京师范大学出版社 2007 年版,第 967 ~968 页。

⑪ 参见施陈继:《中国传统证明力标准的现代价值——从“众证定罪”到“孤证不能定案”》,载《黑龙江政法管理干部学院学报》2017 年第 5 期。

⑫ 《刑事诉讼法》(1979 年)第 35 条规定:“只有被告人供述,没有其他证据的,不能认定被告人有罪和处以刑罚。”

则化规定。我们所了解的“孤证不能定案”更多来自司法实践以及对现有法条的分析。我国刑事诉讼法继1979年《刑事诉讼法》后,虽然在1996年、2012年、2018年共经历了3次修改,但是1979年《刑事诉讼法》第35条(2018年《刑事诉讼法》第55条)规定的口供补强规则并没有发生什么变化。单从法律条文来看,“孤证不能定案”这一理念在我国法律中的体现没有出现证据种类以及法条内容上的扩充。

除了我国刑事诉讼法条文中的口供补强规则体现了“孤证不能定案”的理念外,作为我国证据证明力要求的证据相互印证规则同样也体现了“孤证不能定案”的理念。证据相互印证,是指在存在两个以上的证据时,这些证据所涵盖的事实或信息产生了完全或部分的重合与交叉,这种重合与交叉可以使得一个证据的真实性得到其他证据的验证。在我国现行的刑事诉讼程序中,证据的相互印证规则主要是一种确保单个证据真实性的证据规则,这种对单个证据真实性的确保不仅可以发生在两个证据相互之间的验证之上,而且也可以发生在若干个证据对某一证据的佐证之中。而证据的真实性又是证据转化为定案根据的一个首要条件。

我国刑事诉讼法对证据之间的相互印证规则极为重视,这主要是因为单个证据一般被看作真伪难辨、虚实不明的证据。单个证据本身的真实性需要得到其他证据的证明,证据之间的相互印证或多个证据对某一证据的佐证为单个证据的真实性提供了较可靠的保证。在司法实践中,证据相互印证规则几乎被普遍适用于对所有单个证据的审查判断之中,它被作为一种判断证据证明力的法律准则,对单个证据是否可以被采信起到了直接性的指导作用。证据相互印证规则在保证单个证据证明力的基础上对案件的部分事实或某一片段得出相对确定的结论。证据相互印证规则对应的主要是单个证据的证明力,而“孤证不能定案”规则对应的则是整个案件事实所要达到的证明标准。整个案件事实由案件的每个部分或每一片段组成,对整个案件事实或案件主要事实的证明又是由每个具有证明力的证据完成的。基于此,我们可以说“孤证不能定案”的理念不仅反映于证据相互印证规则之中,而且其内涵范畴在证据相互印证规则之上,它涵盖了该规则而又不限于该规则。

三、“孤证不能定案”规则在综合认定全案事实中的作用

证据相互印证规则的价值,主要体现在对单个证据真实性的验证方面,而具有真实性证据的证明力得到确信,是案件事实获得证明的一个前提条件。在这一前提条件确定的情况下,下一步要考虑的就是每一个具备证明力的证据之间是否能够连成一个整体,这其实就涉及“孤证不能定案”规则中各个证据之间的相关性,即各个证据之间能否相互印证或佐证,从而对案件的全部事实或主要事实进行证明。而此时所体现的就是“孤证不能定案”规则在综合认定全案事实中的作用,这不仅是“孤证不能定案”规则在我国刑事司法中最主要的作用,而且是“孤证不能定案”规则区别于口供补强规则和证据相互印证规则的重要体现。

谈及证明问题,不得不提及证明标准。所谓证明标准,是指承担证明责任的诉讼一方主体对待证事实的证明所需要达到的真实性程度。根据诉讼一方主体对待证事实的证明所达到的真实性的不同,证明所达到的程度一般包括“内心确信无疑”“高度可能性”“不具有任何可信性”等。我国刑事诉讼法确立了“案件事实清楚,证据确实、充分”的证明标准,要求法院在对被告人进行定罪量刑时必须达到这一证明标准。具体而言,刑事诉讼法所说的“证据确实、充分”是指:第一,不仅是定罪的事实,量刑的事实也需要证据来进行证明;第二,据以定案的证据必须全部经过法庭程序进行查证且确实属实;第三,对全案证据进行综合判定之后,对于所认定的事实已经完全排除了合理怀疑。

不同于刑事证据的种类的法定化,在学理上刑事证据有着多种分类。根据证据与案件主要事实证明关系的不同,可以将刑事证据划分为能够对案件主要事实起到直接证明作用的直接证据和仅对案件主要事实起间接性证明作用的间接证据。在此,笔者以此种分类标准为基础来对“孤证不能定案”规则在综合全案认定案件事实过程中的运用进行探讨。

如果得到其他证据印证或佐证的证据属于直接证据的话,那么通过证据相互印证规则,直接证据经其他具有独立信息源的证据的证明后得到了证

实。因为,直接证据之中所包含的事实信息与案件的主要事实之间有所重合,所以对于直接证据真实性的印证在很大程度上其实也就是对案件主要事实客观性的证实。在此种情况下,直接证据与其他具有独立来源的证据之间达到了相互关联程度,案件的事实或信息得到了两个以上证据的证实,可以对案件的全部或主要事实进行认定。

因为直接证据中包含案件的主要事实,即直接证据能够单独、直接地体现犯罪行为是否系被告人所实施,所以无论是其他的直接证据还是间接证据对某一直接证据的印证都比较容易达到刑事诉讼法的证明标准。但是对于间接证据的印证或佐证相较于直接证据而言,则没有那么容易达成。

由于任何一项间接证据都无法单独包含案件的主要事实,所以,如果一个案件中仅具有间接证据的话,既无法证明犯罪是否发生,也难以证明犯罪是否为被告人所实施,而最多证明犯罪事实的某一环节或者某个片段。因此,对任何间接证据的印证或佐证,最多只能说明该间接证据所包含的事实或信息是真实的、可靠的,却无法证明案件主要事实的成立。要想通过对间接证据的证实来对案件的主要事实进行证明,不仅要让若干个间接证据的真实性得到印证或佐证,而且要让这些具有证明力的间接证据之间能够达至环环相扣的程度,形成较为完整的证据链或者证明体系。

在司法实践中,有些案件仅具有间接证据,各项间接证据均属于具有证据价值的信息链条。这些信息链条有的彼此独立,有的相互耦合,如果这些间接证据所蕴含的信息链条之间彼此孤立存在,无法进行连接,那么,虽然整个案件看似有许多证据,但是这些证据仍然属于“孤证”的类别。而“孤证不能定案”规则中对各个证据之间相关性的体现恰恰就是将这些间接证据之间的信息链条连接起来的关键。通过证据之间的相关性,那些本来孤立存在的间接证据开始发生逻辑上的相互联系,它们彼此之间在事实和信息方面发生了重合或交叉,这使本来具有独立信息来源的间接证据相互之间产生了有机联系。

例如,在一起故意杀人案件之中,虽然被告人自始至终都对犯罪事实拒不供认,但是侦查机关在办案过程中搜集到了如下证据:第一,现场勘查笔录,证明了被害人的尸体所在方位、尸体致害伤口、血迹喷溅状况等被害人受害状况,且现场遗留了一把沾有血迹和指纹的尖刀,这很有可能是犯罪嫌疑人遗留的作案凶器。第二,经专业人员鉴定得出的鉴定意见,证明被害人的死因是锐器刺中大动脉从而失血过多而亡,被害人的死亡时间为报案当天凌晨4时左右,尖刀上所遗留的血迹与被告人的血型一致且DNA分子结构高度重合,尖刀上所遗留的指纹与被告人右手食指和大拇指指纹高度吻合。第三,证人甲(家住被害人对面,可通过窗户清楚地观察到被害人家中的人员进出情况。案发当天证人甲约朋友在自己家里通宵打麻将直至上午9时左右才各自散场)的证言,可以证明案发当天凌晨1时被告人进入独居的被害人家中,第二天清晨6时左右才离开,其间证人甲并没有看到任何第三人进入,被害人与被告人2人独处的时间约五六个小时之久。第四,证人乙(系被害人与被告人共同的好友,与2人的关系都比较密切)的证言,可以证明被害人与被告人之间最近因为喜欢上了同一名女性产生了一些矛盾,被告人曾扬言如有机会必将对被害人进行报复。第五,侦查机关在被告人住处收集到的没能清洗干净的沾有被害人血迹的外套以及写有想要对被害人进行报复的内容的日记本。⑬

在这起故意杀人案件中,所有的证据都属于间接证据的范畴,如果这些证据全部孤立地存在,就无法发挥证明被告人有罪的效果。但是从这些证据所记载的信息以及所证明的事实来看,这些证据之间相互补充、彼此印证。比如,根据对现场勘查笔录中的物证的鉴定足以证明被告人到过现场,根据证人甲的证言可以证明被害人在死亡前后6个小时的时间里一直与被告人独处,没有第三人到过现场,根据证人乙的证言和在被告人家中收集到的书证可以证明被害人与被告人之间产生过矛盾,而该矛盾很有可能成为诱发被告人作案的动机。这些具有独立信息源的间接证据之间存在事实与信息的相互交叉,对案件中所包含的所有事实信息的证明都至少有两个证据加以支持,证据之间环环相扣连接成了一条较完整的证据链,从而排除了其他人作案的可能性。基于此证据链,即使无法获悉被告人供述等直接证据,仍然可以对案件进行认定。而这种认定是证据真实性和相关性相结合的结果,是证据相互印证规则和“孤证不能定案”规则综合作用的体现。

---

⑬ 本案例改编自陈瑞华《刑事证据法学》(2012年版)第二十一章。本文为突出主题进行了适当删改,但并未脱离其核心内容。

通过对上述案例的分析,我们可以看出,间接证据之间的相互印证或佐证对案件事实的证明产生的作用具体包括以下几个方面:一是通过相互印证或佐证,各个间接证据本身的真实性得到了彼此的验证;二是通过相互印证或佐证,一些间接证据所存在的矛盾初显端倪,这些存在矛盾的间接证据最终被裁判者所排除,而那些可以相互印证或佐证的间接证据之间不存在矛盾,最终可以得到采信,各项间接证据与案件之间的矛盾通过证据相互印证规则得到了合理的排除;三是通过各项间接证据之间的相关性,全案证据均指向了同一案件事实,裁判者因而得出了唯一的事实结论,从而排除了对证据是否真实和案件事实是否成立的合理怀疑;四是间接证据之间通过相互印证或佐证避免了孤立存在的状态,形成了较完整的证明体系或证据链,排除了虽然有多个证据但是证据之间彼此独立而成“孤证”的可能性,同时排除了被告人没有实施犯罪的可能性。

通过对上述直接证据与间接证据在处于“孤证”状态时其他证据对其进行印证或佐证的分析,可以得出如下结论:通过其他证据对直接证据的印证或佐证,其他证据足以与直接证据一起,共同发挥证明案件主要事实的作用。而在那些只存在间接证据的案件中,间接证据通过相互之间的印证或佐证排除了存在矛盾的间接证据,留下了可以采信的间接证据,全案中的间接证据因而得以摆脱孤立存在的状态,各项间接证据在相互印证或佐证的前提下又相互关联,从而最终形成了较完整的证据链,“孤证不能定案”规则对全案事实的综合认定因而得以体现。

四、对“孤证不能定案”规则的一些反思

“孤证不能定案”并非一个有法律明确规定的原则或规则,然而,我国刑事诉讼法条文中的口供补强规则和作为我国证据证明力要求的证据相互印证规则均体现了“孤证不能定案”的理念,且“孤证不能定案”规则在我国刑事司法中的适用涵盖了它们,但又不局限于此二者。

要想更好地在司法实践中运用“孤证不能定案”规则,我们可以先对“孤证”的范围进行限定。因为,在刑事诉讼之中控方的一个主要职责就是指控

被告人有罪,而一些因"孤证"定案而导致冤错的案件主要也是因为法官用那些不利于被告人的"孤证"来认定被告人有罪或罪重,所以,我们可以将"孤证"的范围限定在不利于被告人的证据类别之中。当那些不利于被告人的证据属于"孤证"时,不可以仅凭"孤证"认定被告人有罪或加重被告人的量刑。而基于存疑时有利于被告人原则对于那些有利于被告人的证据,即使它们属于"孤证"只要它们有利于保障被告人的合法权益,用这些"孤证"同样可以认定被告人无罪或罪轻。将"孤证"的范围限定在不利于被告人的证据类别之中,不仅是我国刑事诉讼法保障人权的应有之义,也是其惩罚犯罪的必然要求。

在对"孤证"的范围进行限定之后,笔者认为,我们有必要在该范围限定之下并结合本文前三部分的论述对"孤证"所包含的类别也进行限定。笔者对于学界中有的学者将"孤证不能定案"规则中所谓的"孤证"包含单个证据、多个同源证据以及多个孤立存在的证据3个类别[14]的说法持赞成态度。不过,笔者认为,应当进一步对这3种类别进行细化。在这3个类别中,对于"孤证"仅包含单个证据的情形,由于在司法实践中出现的概率微乎其微,我们可以不予考虑;而当我们将多个同源证据认定为"孤证"时,可以将证据的种类限定在言词证据之中,不过多考虑实物证据;而对于多个孤立存在的证据,是否可以在明确证据真实性的前提下,通过证据之间的相关性,将证据串联为一个整体来对案件的全部或主要事实进行证实,笔者在本文的第三部分"'孤证不能定案'规则在综合认定全案事实中的作用"中已经进行了论述。下文,笔者将对这3个"孤证"类别进行详细的解释说明。

第一,案件中有且仅有一项有罪证据,没有任何其他证据可以与它形成印证或者去佐证它的真实性,该项证据处于真伪不可辨、虚实无法明的状态之下,该证据属于"孤证"。我们无法仅凭该单个证据来认定案件事实,此"孤证"无法定案。我们对于"孤证"的探讨,不能仅凭单纯的想象空谈理论而不与司法实践相联系,那样法学理论也只会成为空中楼阁,无法被真正地运用于实践之中。所以,凭借我们的社会经验,在真实的司法案例之中,一个事件的发生必然对周遭环境产生影响,排除潜在的证据未被发现利用这种可能

---

⑭ 参见杜文静:《"孤证不能定案"的逻辑证成》,载《学术研究》2017年第11期。

性，有且仅有一个不利于被告人的证据的情况微乎其微。如果真的只存在一个对被告人不利的证据，那么该证据当然没有其他证据与其相互印证或对其进行佐证，此“孤证”无法定案便无须再讨论。

第二，案件本身只有一个不利于被告人的证据，但是以该证据为出发点，侦查机关又侦查到多个与该不利于被告人的证据相关的证据，它们属于同源证据。有的学者认为，多个同源证据也属于“孤证”，即使它们与该“孤证”之间相互印证或者是对该“孤证”形成了佐证也是无法定案的。比如，我国司法实践曾发生的某些冤假错案，侦查机关以通过刑讯逼供得来的被告人供述为出发点由供“寻”证，甚至“造”证，所得的证据形成了证据之间的相互印证或佐证并连接成了一条看似合理的证据链，从而导致了悲剧的发生。

犯罪嫌疑人、被告人的供述属于言词证据的类别，因为言词证据相较于实物证据稳定性较差，所以很容易出现虚假的情况。当作为证据“源头”的言词证据都属于虚假证据时，那么由其出发所产生的只会是更多虚假的同源证据。虽然言词证据包含着较为丰富的信息量、具有较强的相关性，但是由于其证据形式的不稳定性，其证据本身及其同源证据的真实性与可靠性总是会受到多种因素的影响。根据我国《刑事诉讼法》第 50 条第 2 款的规定可知，我国法定证据种类总共有 8 个。在这 8 个证据类别中，除了犯罪嫌疑人、被告人供述之外，犯罪嫌疑人、被告人的辩解，证人证言，被害人的陈述也属于言词证据。对于这几类言词证据是否也应该将它们及其同源证据认定为“孤证”，笔者认为，不可以把它们与犯罪嫌疑人、被告人供述及由其所产生的同源证据一概而论，应该具体情况具体分析。因为犯罪嫌疑人、被告人的辩解是有利于被告人的证据，而证人基于其身份特征其所述的证言相对客观，可以主要对一些身份特殊的证人所作的证言进行补强。至于被害人陈述这一证据类型，如果简单地将其及其同源证据认定为“孤证”并适用“孤证不能定案”规则的话，很有可能在通过“孤证不能定案”规则对犯罪嫌疑人、被告人进行保护的同时又忽视了对最值得法律保护的被害人的合法权益，不免有本末倒置之嫌。而对于实物证据，尤其是那些本身就具有证明力的实物证据，以它们为出发点去寻找案件中所包含的更多蛛丝马迹是侦查人员办案的常见方式之一。如果将具有证明力的实物证据及其同源证据都认定为“孤证”的话，那么根据司法实践中惯用的“孤证不能定案”理念，侦查机关在侦查阶段对证据的调查不免会成为"无用之功"。

笔者认为,在对"孤证"的第二个类别即多个同源证据是否可以定案进行认定时,可以将证据的种类限定在言词证据尤其是犯罪嫌疑人、被告人供述之中,而不过多地去考虑实物证据,这样似乎更为合理。

第三,对于"孤证"的第三个类别即多个孤立存在的证据,虽然在一个案件之中存在若干个不利于被告人的证据,但如果所有的证据之间无法形成一个明确的证据链并得出一个相对确定的结论,那么,即使该案件中不是只有一个证据也不是仅有言词证据及其同源证据,这些证据仍然属于"孤证"的范畴,仍然无法认定被告人有罪或罪重。这里所讨论的每个证据或许在其他证据的印证或佐证下可以对案件中的某一环节或者某个片段进行证明,符合证据相互印证规则对单个证据证明力的要求。但是,它们却无法让整个案件的事实与信息产生重合与交叉并将案件串联起来,它们无法达到我国《刑事诉讼法》第55条"案件事实清楚,证据确实、充分"的证明标准要求,与第一个类别中的单个证据和第二个类别中的言词证据及其同源证据一样应该适用于"孤证不能定案"的规则。

笔者在最后想要说明的是,虽然无论是《刑事诉讼法》还是《关于办理死刑案件审查判断证据若干问题的规定》《关于办理刑事案件排除非法证据若干问题的规定》都没有明确"孤证不能定案"之"案"究竟是指部分案件事实还是指全部案件事实,但是通过笔者对"孤证不能定案"规则的解读与反思,我们可以看出"孤证不能定案"规则强调的是据以定案的证据要达到我国刑事诉讼法所规定的证据证明标准,从而对整个案件事实予以认定,其所说的"案"指的是全部案件事实,而对于部分案件事实或者说案件的某一片段的认定,发挥作用的主要是证据相互印证规则。不过,证据相互印证规则强调的虽然是单个证据的证明力,但是证据相互印证规则也是"孤证不能定案"规则理念的体现,"孤证不能定案"规则先以证据相互印证规则对单个证据的证明力进行认定,然后在单个证据真实性的基础上通过各个证据之间的相关性将证据串联起来从而对全案事实进行综合性的认定。不过,一个案件在经历侦查、起诉、审判直至最终给被告人定罪需要多种证据规则的共同作用,过分探究"孤证不能定案"之"案"究竟是指全案事实还是部分事实其实也并没有太大的意义。

在刑事司法程序中,我们应当在限定“孤证”范围与类别的前提下,有限适用“孤证不能定案”规则。这种适用主要体现在3个方面:一是将“孤证不能定案”规则的适用范围限定在不利于犯罪嫌疑人、被告人的证据之中;二是将“孤证不能定案”规则中“孤证”的证据类别限定于单个证据(这种情况出现的可能性微乎其微),多个由言词证据产生的尤其是犯罪嫌疑人、被告人供述这类言词证据产生的同源证据以及多个孤立存在彼此无法相互印证或佐证并具有相关性的证据之中;三是要明白证据重“质”不重“量”的道理,不要唯数量论,从而使“孤证不能定案”规则沦为简单的数量规则。虽然就目前而言,司法实践中几乎不存在仅凭借单个证据就能够准确无误地证明全案事实的可能性,但是随着科技的进步与社会的发展,很有可能出现仅凭清晰完整的监控视频就可以得知整个案件经过的情况。所以法官在适用“孤证不能定案”规则的过程中,不能只是片面化地重视收集证据的数量,而忽视证据本身的证明力大小以及各个具有证明力的证据之间的相关性。

Interpretation and Reflection on the Rule of “Isolated Evidence Can’t Make a Final Decision”

Ma Ke

Abstract: “Isolated evidence can't make a final decision” has always been an important notion in China’s criminal procedure law, which has a very wide range of application in judicial practice. It not only plays an important role in examining the probative force of single evidence and judging part of the facts of the case, but also plays a dominant role in comprehensively determining the facts of the whole case. However, the law of our country has not made it clear as a principle or rule, and the academic circle has not reached a more unified interpretation of the rule, which makes the rule produce some prominent problems in the application process, such as becoming a pure quantity rule, which leads to the rigidity of the mode of fact determination. This paper makes a multi-dimensional interpretation and reflection on the rule of “Isolated evidence can’t make a final decision” from three aspects: historical investigation, comparison within and outside the field, and comparative analysis between different rules, then comes to the conclusion that we should limit the scope and category of "isolated evidence" in the criminal justice process.

Key words: Isolated Evidence; Conviction of Multiple Evidence; Reinforcement Rule; Corroboration Rule

《西南法律评论》(第5卷·总第34卷)
第159~172页

大数据时代侵犯公民个人信息罪法益解读与规制路径

吴俊艳*

摘　要:长期以来,侵犯公民个人信息罪保护法益的模糊性一直是此罪备受争议的原因之一。不论是早前基于私权保护角度确立的"财产权说""人格权说",还是后来从公共利益角度出发而提倡的"公共管理秩序说",都没有准确揭示此罪所保护法益的内涵。应当说,在仰赖信息为生的大数据时代,提倡以保护公民个人的信息转移自主与使用自主为中心的"信息自决权"十分重要。此外,时下关于侵犯公民个人信息罪的打击模式侧重于"源头"治理,针对非法提供行为与非法获取行为进行打击,对合法获取但非法使用公民个人信息的行为治理力度不足。应该增设保护路径,扩大保护范围,将具有严重社会危害性的非法使用行为纳入打击范围,同时要为非法利用行为划定合理的入罪边界,以防过度刑法化。

关键词:大数据;个人信息;法益;非法利用行为

* 中南财经政法大学刑事司法学院2018级硕士研究生。

本文系中南财经政法大学中央高校基本科研业务费专项资金资助项目(项目编号:202010725)的阶段性研究成果。

一、问题的提出

个人信息对于公民的重要性,就像细胞之于生命。每个人对于其他人而言,都是一个信息的集合。在大数据、云计算、人工智能等技术日新月异的时代,个人信息的重要性也与日俱增。在传统社会中,公民获得他人的信息很大程度上依赖于直接接触或者间接了解。而在今天则不然。可以说,在这个信息呈"爆炸式"增长并快速流动的互联网时代,个人信息稍不留神就可能被曝光。一方面,人们享受信息快速流动与交换带来的快感;另一方面,一些信息持有机构或个人非法泄露个人信息,不法分子利用非法获取的个人信息实施犯罪活动的事件时有发生,严重影响公民的正常生活。为了解决侵犯个人信息所带来的社会问题,我国2009年就在《中华人民共和国刑法修正案(七)》第7条中增加了"出售、非法提供公民个人信息罪"与"非法获取公民个人信息罪",2015年《中华人民共和国刑法修正案(九)》将前述两个罪名合并,正式确立了"侵犯公民个人信息罪"。除了在立法层面完善该罪的犯罪主体,在司法层面也针对公民个人信息泄露的问题进行了积极探索。司法解释和刑事案例指导为准确认定"个人信息"的范围提供了参考依据。

不可否认的是,在保护公民个人信息不受侵犯方面,我国的相关立法与司法解释一直在不断完善中。不过,此前的探索更多地集中于对公民个人信息的识别和认定上,"本质上仍然是基于点的扩张,而非保护链条的拉长"。[①]因此,尽管立法和司法上作出了众多的努力,但是关于此罪的适用争议并未得到有效解决。无论是从理论上学者关于侵犯公民个人信息罪的保护法益的争论来讲,还是从实践中发生的侵犯公民个人信息案件的精准定性来说,现有法律规定与司法解释都有待进一步完善。此外,尽管关于"侵犯公民个人信息罪"的相关法律条款日趋增多,但是侵犯公民个人信息的案件却有增无减。这使我们不得不反思。身处信息深度发掘与高效利用的大数据时代,关于侵犯公民个人信息罪的现有规定与解释是否可以有效应对日常生活中

① 李怀胜:《公民个人信息保护的刑法扩展路径及策略转变》,载《江淮论坛》2020年第3期。

出现频率较高、具有严重社会危害性的侵犯个人信息的犯罪行为？“侵犯公民个人信息罪”所规定的具体犯罪行为模式是否可以解决司法实践中出现的大部分案例情形？毋庸置疑，答案是否定的。《中华人民共和国刑法》（以下简称《刑法》）第 253 条之一所针对的犯罪行为模式主要是“出售或非法提供”以及“非法获取”两类情形，然而，随着数据技术的不断纵深发展，不法分子针对个人信息所实施的犯罪行为模式绝不止于上述两种情形。换句话说，“科学技术的迭代不仅具有促进经济发展、社会进步的正向效应，其还为侵权、犯罪手段的更新与异化提供了契机”。② 当前出现的大量“合法获取、非法利用”的情形都无法为现有法律规定所评价。也就是说，目前刑法对侵犯公民个人信息案件采取的是一种“源头治理”模式，而对“非法利用”行为则置之不理。可以说，造成这种规制缺陷的主要原因在于，从传统隐私权等私权法益保护的角度出发，只看到了公民对个人信息的“转移自主权”，却忽略了其“使用自主权”。因此，未来侵犯公民个人信息罪要想适应数据“井喷式”增长的大数据时代，当务之急是要解决两个问题：一是必须对该罪保护法益进行重新解读，以做到既不忽视私权的重要性，又不因过度保护个人权利牺牲经济发展；二是必须转变现有的犯罪行为规制模式，改变单纯依靠“源头打击”治理侵犯个人信息犯罪行为的模式，在保持刑法谦抑性的基础上，适度扩大犯罪圈，弥补现有法律漏洞。

二、侵犯公民个人信息罪的法益研究现状与重新解读

为了打击非法提供、获取公民个人信息的犯罪行为，刑法专门设立了侵犯公民个人信息罪，不过，从刑法规定中并不能得出关于该罪保护法益的确切归属。然而，侵犯公民个人信息罪法益的确定对于明确该罪的入罪边界具有重要的意义。因此，关于此罪的保护法益究竟为何，一直备受学者青睐，虽然解释颇多，却始终是各执一词，没有形成统一意见。

② 黄陈辰：《大数据时代侵犯公民个人信息罪行为规制模式的应然转向——以“AI 换脸”类淫秽视频为切入》，载《华中科技大学学报（社会科学版）》2020 年第 2 期。

(一)学界关于侵犯公民个人信息罪的法益探讨与评析

由于学术立场与认知的差异,目前就侵犯公民个人信息罪的法益而言,大致有"财产权说""人格权说""个人信息权说""公共管理秩序说"等不同观点。

1. 财产权说

国内一些学者认为,公民对于自己的信息拥有一种产权,法律应该允许公民就这种产权进行交易。③ 例如,有观点认为,在信息化社会中,个人信息具有前所未有的经济价值,是一种能够为信息主体带来经济效益的新型财产权利。④ 当然,也有学者将这种权利具体化为公民对个人信息的所有权,即个人对其信息所享有的占有、使用、收益、处分的权利。⑤ 财产权说虽然看到了公民个人信息具有的财产性,但这一学说的缺陷在于,其将个人信息看作具有交易价值的商品,突出了商业性的一面,却违背了刑法设立此罪的目的:刑法保护的对象在于公民的"个人信息",而非信息附带的经济利益。况且,由于人们所处的经济层次不同,个人信息所具有的价值并不等同,如果将财产权作为该罪的法益,明显违背了"法律面前人人平等"的原则。试想,同样是因为个人信息被泄露导致个人生活受到了严重影响,法律却要根据公民的经济状况来决定其所受侵害的严重程度,这是难以想象的。纵然公民个人信息具有财产权的性质,但并不代表可以将其作为法律保护的核心,从该罪所处的章节位置("侵犯公民人身权利、民主权利罪"一章)便可得到佐证。

2. 人格权说

最初,人格权说的主张者大都将该罪的法益具体化为公民的隐私权。⑥ 法律保护公民个人信息不被侵犯的目的并不在于公民个人信息本身,而在于防止滥用个人信息的行为给公民生活安宁造成侵害。⑦ 此外,也有学者认为,

---

③ 参见齐爱民:《个人信息保护法研究》,载《河北法学》2008年第4期。转引自高楚南:《刑法视野下公民个人信息法益重析及范围扩充》,载《中国刑事法杂志》2019年第2期。

④ 参见陆小华:《信息财产权:民法视角中的新财富保护模式》,法律出版社2009年版,第145页。

⑤ 参见汤擎:《试论个人数据与相关的法律关系》,载《华东政法学院学报》2000年第5期。转引自于志刚:《公民个人信息的权利属性与刑法保护思路》,载《浙江社会科学》2017年第10期。

⑥ 参见王昭武、肖凯:《侵犯公民个人信息犯罪认定中的若干问题》,载《法学》2009年第12期。

⑦ 参见江耀炜:《大数据时代公民个人信息刑法保护的边界——以"违反国家有关规定"的实质解释为中心》,载《重庆大学学报(社会科学版)》2019年第1期。

保护个人信息的目的来源于人格权或宪法上的“个人基本权利和自由”,最终要归结于对人的尊严的保护。⑧ 另外,还有学者主张此罪的法益具有人格权的属性,但不同于隐私权,它是同公民的姓名权、肖像权、隐私权处于一个层次的一种独立的、新型的人格权。⑨ 以上学说虽然在具体解释上存在细微差别,但都是植根于公民隐私权保护的角度。人格权说肯定了公民个人信息的人格权属性,体现了法律对公民个人信息的平等保护。问题在于,并非所有的公民个人信息都属于隐私信息。在移动互联网时代,公民有时不得不主动与外界进行信息交换,以换取便捷的服务。隐私权作为一种被动消极的权利,与大数据时代信息交互的特征不符,因此,其难以承担侵犯公民个人信息罪保护法益的重任。

3. 个人信息权说

一部分学者提出,公民个人信息是一种兼具人格权性质与财产权意蕴的新型权利,即“个人信息权”,其内容既包括公民个人使用并许可他人使用信息的积极权利,也包括防御他人侵害的消极权利。⑩ 有学者从刑民一体化的角度出发,论证了侵犯公民个人信息罪的保护法益来源于民法中的个人信息权,此外,还立足于刑法视野对此问题作了进一步分析,认为“个人信息权”的提法太过泛化,侵犯公民个人信息罪的法益仅包括个人信息权中的“信息自决权”。⑪ 当然也有学者对此进行了批判,认为信息自决权理论过分强调对个人信息的保护而忽视了信息交流,会阻碍社会发展;而且由于其属于一种个人意志,现有法律技术无法为其划定清晰的权利外观,所以此说不足为取。⑫

4. 公共管理秩序说

有学者认为,在大数据环境下,不论是前述隐私权、财产权还是其他私权

---

⑧ 参见张新宝:《从隐私到个人信息:利益再衡量的理论与制度安排》,载《中国法学》2015 年第 3 期。

⑨ 参见王利明:《论个人信息权在人格权法中的地位》,载《苏州大学学报(哲学社会科学版)》2012 年第 6 期。

⑩ 参见于志刚:《“公民个人信息”的权利属性与刑法保护思路》,载《浙江社会科学》2017 年第 10 期。

⑪ 参见刘艳红:《民法编纂背景下侵犯公民个人信息罪的保护法益:信息自决权——以刑民一体化及〈民法总则〉第 111 条为视角》,载《浙江工商大学学报》2019 年第 6 期。

⑫ 参见江耀炜:《大数据时代公民个人信息刑法保护的边界——以“违反国家有关规定”的实质解释为中心》,载《重庆大学学报(社会科学版)》2019 年第 1 期。

利都无法全面涵盖个人信息的法律属性,不若将其作为一种公共物品,由政府承担对公民个人信息的保护治理,既有利于促进个人信息的高效共享,也能有效维护公共安全和利益。另有学者提出,刑法确立个人信息权的初衷就是将其作为一种社会公共管理秩序的内容,至于个人信息则只是刑法保护法益的具体内容,唯有如此,个人信息的内涵才能被全面阐释。还有不少学者认为,在数据多样化与信息海量化的大数据时代,公民个人对信息的控制能力减弱,单个人的信息价值微乎其微,并且,考虑到国家治理侵犯个人信息罪的成本问题,只有当被害人以群体性的形式出现,引发网络秩序混乱的时候,国家法律才有介入的必要。出于这种考虑,他们认为该罪的保护法益已经超脱了个人法益。[13] 这种超个人法益的观点虽然看到了信息化社会中个人信息具有"公共性"的一面,而且将其作为一种公共法益有效地保护了信息的正常流通,但这一学说的缺陷在于,它过分强调了公法益,过度限缩了公民个人权利的生存空间。现代社会,尽管国家成了收集、处理个人信息的最大主体,然而,这并不能成为压缩私人法益的理由;相反,正是因为公权力组织侵害公民个人信息法益的可能性更大,才需要赋予公民对抗公权力的强大武器。此外,也有糅合前述各类学说,提出"混合法益说"的观点:"刑法层面的个人信息权利保护是一个复杂的、综合的权利集合,其最终要在个人信息的保护与社会信息共享、信息自由交流与国家安全之间找到平衡。"[14]但对于这种权利集合的核心内容以及逻辑论证并未作出更多的诠释。

(二)侵犯公民个人信息罪法益的重新解读

笔者认为,侵犯公民个人信息的保护法益应当定位于个人信息权中的"信息自决"。一方面,个人信息权已经得到了《中华人民共和国民法典》(以下简称《民法典》)、《中华人民共和国个人信息保护法》(以下简称《个人信息保护法》)等前置性法律的承认,在坚持法秩序统一的原则下,刑法在针对一些基础性概念的解读上应该与民法等前置性法律保持一致;另一方面,刑法所保护的个人信息权又不完全等同于民法视野下的个人信息权,由于民刑规

---

⑬ 参见郭泽强、张鑫希:《走出侵犯公民个人信息罪的法益保护之迷思——超个人法益之提倡》,载《天府新论》2020年第3期。

⑭ 贾元、刘仁文:《内涵、外延与基准:公民个人信息的刑法保护》,载《山东警察学院学报》2019年第1期。

定的侧重点不同,刑法对公民个人信息权的保护并不是民法中宽泛的个人信息权,其保护核心在于个人信息权中的“信息自决权”。

1.刑民一体化视角下的法益缘起:个人信息权

根据我国《刑法》规定,成立侵犯公民个人信息罪的前提是“违反国家有关规定”。此处的“国家有关规定”包括全国人大及其常务委员会制定的法律、国务院制定的行政法规以及发布的行政命令和决定等。我国针对公民个人信息保护的相关法律众多,其中较重要的有《民法典》《个人信息保护法》《中华人民共和国网络安全法》(以下简称《网络安全法》)等,这些法律中涉及公民个人信息的规定,都是《刑法》第253条之一的前置性法律,具有参考意义。正如刘艳红教授所说,一个国家的法秩序,应该是一个统一的体系。民法和刑法虽然功能不同,但是在整体的法秩序上应该保持一致。民法和刑法的功能不同,打击范围不同:民法主要针对违法行为,而刑法作为保障法,则主要针对那些未被民法拦截成功的犯罪行为。换句话说,民法确立违法性,而刑法确立犯罪性。但是,在公民个人信息的法益问题上,刑法仍然应该参照民法等前置法的有关规定。⑮

我国《民法典》第111条规定,自然人的个人信息受法律保护。这也被很多学者认为是关于公民“个人信息权”的确认。然而,由于该条并未明确提出“个人信息权”的概念,导致在公民个人信息权属的界定上仍然摇摆不定。虽然,在《民法典》中并未出现“个人信息权”的精准表述,但笔者认为,从该法条的解释上可以认为是对独立的个人信息权的规定。详言之,该条在后半部分对获取和使用个人信息进行了“合法”与“非法”的划分,而据此划分的目的在于法律对权利的保护,即实现法益保护的目的。对于信息所有者之外的其他人来说,不法获取、使用、传播他人个人信息是法律强加的义务,而对信息主体来说,反映的就是法律对其权利的维护。民法之所以对公民信息权利给予确认,便可以看出法律保护的核心并非信息本身,而是其体现的公民个人的信息权。同样地,对个人信息权作出确证的还有《个人信息保护法》。该法第1条规定:“为了保护个人信息权益,规范个人信息处理活动,促进个人

---

⑮ 参见刘艳红:《民法编纂背景下侵犯公民个人信息罪的保护法益:信息自决权——以刑民一体化及〈民法总则〉第111条为视角》,载《浙江工商大学学报》2019年第6期。

信息合理利用,根据宪法,制定本法。”在该条文中明确使用了“个人信息权益”的概念,并且依据文义解释也不难得出这是对公民个人信息权的确认。因此,在坚持法秩序统一、刑民一体化的立场下,在已有前置性法律将保护公民个人信息的法益确定为“个人信息权”的前提下,刑法作为一种保障法,理应与相关前置性法律一脉相承,在解释上达成统一,而不是创制新的法益。故将“个人信息权”作为“侵犯公民个人信息罪”的法益,不仅具有前置性法律的支撑,也符合法律秩序统一的基本原则。

在此需要进一步作出说明的是,《民法典》所确立的“个人信息权”并不是一种类似于隐私权或者人格权的传统权利,而是一种具有独立存在价值的新型权利。众所周知,未来社会是一个依靠信息谋求发展的社会,小到公民个人的日常生活出行,大到一个新兴经济产业的生产销售,又或者一个国家的治理与社会的运转,都与“信息”息息相关。信息收集、整理、交换与流通俨然成为一种不可逆转的趋势,对于公民个人而言,为了享受便捷的服务不得不让渡一部分个人信息,这是基于公民自由意志作出的自愿选择。再依靠传统的隐私权保护模式来解读侵犯公民个人信息罪的法益显然不够。而且,随着信息的不断多元化与复杂化,“公民个人信息”的范畴早已不再局限于传统意义上“个人信息”,司法解释将更多“新型”信息纳入了“个人信息”的范畴,这就意味着在大数据时代,刑法对于公民个人信息的保护已经超出了单纯的隐私权或者人格权的范畴,除了保护公民的人身与财产之外,还承担着更多的使命。面对日趋增多的权利类型,传统权利可能面临解释不能的情况。所以,个人信息权应是一种异于传统权利的、独立的新权利,这是现实需求导致的必然结果。

2. 个人信息权的核心要义:信息自决权

通过前文的论述,已经明确刑法上侵犯公民个人信息罪的法益是“个人信息权”,而个人信息权的核心便是“信息自决权”。一方面,从《刑法》第253条之一的罪状描述来看,侵犯公民个人信息罪的行为模式表现为违反国家有关规定“向他人出售”“提供”公民个人信息,或者“窃取”“以其他方法非法获取”公民个人信息的行为。刑法打击这些犯罪行为的目的在于,保护公民个人的信息不被侵犯,也即要在信息主体与其他主体之间划分一个清晰的权利边界。未经信息主体同意而非法获得、利用其个人信息侵害了信息主体的

"知情同意权",而"获得公民个人同意"便是免责事由。可见,所谓个人信息权的核心内容便是"信息自决权",即公民个人拥有对个人信息处理的决定权与知情同意权。另一方面,《个人信息法》在第11条和第44条中分别对公民的"个人信息权益"与"信息决定权"作了规定,其中,第11条的个人信息权益是涵盖了所有的公民信息权利的一种泛化的权利,具体包括信息决定权、信息更正权等一系列信息权利,而刑法保护的公民个人信息权利与"信息决定权"完全吻合。

总之,在侵犯公民个人信息的保护法益上,刑法作为一种保障法,不能独立创制新的法益,而是应该与民法等前置法保持法秩序的一致性。前置法内容上的"个人信息权"是一种内涵丰富的"泛化"的权利,刑法保护的核心则在于个人信息权中的"信息自决权"。

三、"信息自决"视野下侵犯公民个人信息罪的规制路径

通过前文论述,明确了侵犯公民个人信息罪的保护法益应该定位为"信息自决权",而信息自决权的题中之义是公民对个人信息处理的决定权与知情同意权。然而,从《刑法》第253条之一看,目前我国关于个人信息的保护范围仅及于公民对个人信息的"转移自主权",而未重视信息自决权中"使用自主"的内涵。这也是导致该罪只有"非法提供"和"非法获取"两种行为类型的原因。事实上,相比非法提供与非法获取行为而言,非法使用行为对法益的侵害性更严重,更具有可罚性。并且,打击"非法利用"行为并未超过该罪的法益保护范围,而是法益保护的应有之义。因此,在即将迎来的全面大数据时代,面对越来越多的非法利用公民个人信息的行为,刑法应该转变传统规制路径,弥补对"非法利用"行为的规制漏洞,实现对法益的全面保护。"在《刑法》第253条之一第2款补充规定'非法获取、利用他人个人信息,情节严重的,依照前款规定处罚'。"⑯

---

⑯ 赵秉志:《公民个人信息刑法保护问题研究》,载《华东政法大学学报》2014年第1期。

(一)现有刑法规定对侵犯公民个人信息罪的规制漏洞

现代社会的发展与信息的收集、利用与处理有着千丝万缕的联系。随着信息价值的不断上升,针对个人信息的犯罪案件也频频发生,逐渐形成了一条针对个人信息的完整犯罪产业链。一般来说,一些专门从事信息收集的机构或个人,他们并不直接实施犯罪,而是通过将合法或非法获取的个人信息“卖”给其他人赚取利润。而那些获得信息的行为人,再利用已经得到的公民个人信息实施具体的犯罪行为。可见,在这条犯罪链当中,处在上游的行为正是《刑法》第 253 条之一规定的“非法获取”与“非法提供”公民个人信息的行为。这两个行为的实质其实就是一个公民个人信息的流转过程,实现的是个人信息的空间转移,尽管在这一过程中,也会存在公民个人信息泄露的现象,但这种信息的流转本质上还未对法益造成直接侵害。对法益造成实质性侵害的行为主要存在于后续的“非法利用”行为中。与处于犯罪链前端的“非法获取”行为和“非法提供”行为相比,处在整个犯罪链末端的非法利用行为才是造成法益侵害的真正“元凶”。因为,不论是行为人自己非法获取个人信息,还是依靠上游犯罪者向其供给,最终的目的在于“利用”这些信息实施犯罪行为。所以,最终的“非法利用”行为才是对法益造成直接侵害的行为。换言之,如果没有利用行为作为诱饵,处于源头的非法获取行为始终是徘徊在法益侵害的边缘,而没有直接对法益造成侵害。⑰ 然而,非法利用公民个人信息这种法益侵害更严重、更直接的犯罪行为却并不在我国刑法的打击范围,形成了处罚漏洞,这也是侵犯公民个人信息犯罪案件有增无减的缘由所在。造成这一现象的主要原因在于,目前我国采取的是一种通过打击犯罪的前端行为,将犯罪链条截断,从而使处在末端的“非法利用”行为无法实施的路径,有人也将其称为“源头治理模式”⑱。此种规制路径在侦查技术手段有限、取证困难的传统社会里,有着先天的优越性,如可以有效提高司法效率、节约司法成本。但在信息技术不断成熟、技术侦查手段日益先进的大数据时代,这种从源头打击犯罪行为的规制路径已经不合时宜。

---

⑰ 参见刘仁文:《论非法使用公民个人信息行为的入罪》,载《法学论坛》2019 年第 6 期。

⑱ 黄陈辰:《大数据时代侵犯公民个人信息罪行为规制模式的应然转向——以“AI 换脸”类淫秽视频为切入》,载《华中科技大学学报(社会科学版)》2020 年第 2 期。

第一，这种通过打击前端犯罪行为而截断犯罪链条的治理模式严格依赖于前端行为与末端行为的关联性，即为了实施最终的目的行为而非法获取公民个人信息。但随着人工智能等高新技术的发展，出现了一些不需要依赖前端行为的非法利用个人信息的行为。在这种犯罪模式中，行为人是利用在互联网上合法取得的公民的公开个人信息从事的犯罪活动，例如，行为人利用照片、通过 AI 技术制作淫秽视频的行为，如果继续沿用以往的规制路径，就会导致“合法取得、非法利用”的情形得不到打击，从而形成处罚漏洞。

第二，纵观信息犯罪的完整产业链，起决定性作用的是最终的“利用行为”。犯罪分子想要利用公民个人信息从事违法犯罪活动，才催生了“非法获取”“非法提供”公民个人信息的前端犯罪行为。现有刑法规定期望通过打击犯罪的前端行为实现末端行为的规制，并不能达到理想的效果。因为只要存在“非法利用行为”，就有“非法提供、销售”行为。换言之，现有规制手段并没有找到问题的症结，忽略了作为诱因的非法利用行为，最终也无法达到理想的规制效果。

第三，刑法的这种规制漏洞，给公民维权带来了不便。现实生活中处在犯罪上游的信息贩卖或信息窃取行为极其隐秘，很难被发现，普通公民往往难以找到切实的证据能够证明法益受到了侵害。

（二）侵犯公民个人信息罪规制路径的应然转变

如前文所述，非法利用个人信息的行为侵害了公民的“信息自决权”，具有严重的法益侵害性。先进科学技术的发展在带动经济发展的同时，也影响犯罪模式的演变。与过去相比，大数据时代针对个人信息犯罪的手段与形式也层出不穷，出现了一些“合法获取、非法利用”公民个人信息的犯罪行为。在这类行为中，虽然信息的获取渠道是合法的，但其对法益的侵害并没有降低，甚至更为直接和严重。因此，在坚持“信息自决权”的法益保护前提下，应该赋予公民自主决定权，使其享有对个人信息积极的支配权与消极的抵御侵害的权利。所以，未来《刑法》修改时应当考虑在第 253 条之一新增“非法利用公民个人信息罪”，实现从“源头治理”到“全局治理”的规制模式的转变。当然，应该合理区分一般的非法利用行为与构成犯罪的非法利用公民个人信息的行为，确定合理的入罪边界。具体而言，在未来构造“非法利用公民个人信息罪”应该坚持以下几点。

1. 坚持“违反国家有关规定”的前提条件

现阶段侵犯公民个人信息罪针对的主要是转移型信息侵害行为,此罪的入罪的前提条件是违反国家法律、行政法规、规章等。此前公民个人信息权的核心内容是“转移自主”,那么在准确理解“信息自决权”的基础之上,将信息自主范围扩大到“使用自主”时,仍然要遵守这个前提。在前文笔者已经论述过,侵犯公民个人信息罪的保护法益是公民的信息自由,而已经被依法公开的信息不属于该罪的犯罪对象。其内在的逻辑在于,依法公开的个人信息,或是出于信息主体的授权,或是出于公共利益的需要,国家有关规定已经同意个人或者组织对其的收集、处理。同样地,对于依法公开的个人信息,行为人的使用行为原则上并不会构成犯罪。[19] 但如果违反了国家规定的使用方式、使用范围、使用目的等,仍然会构成侵犯公民个人信息罪。依据《网络安全法》第42条对个人信息进行的“可识别性”的鉴定,法律保护的个人信息必须是可以识别到具体个人的信息。这就意味着,对于去识别化的、无法识别特定个人的信息就不再属于该罪中的“公民个人信息”。此时的使用信息行为虽然未经信息主体同意,但也不属于非法使用行为,不再受到该罪的规制。因此,未来刑法将“非法使用”行为纳入规制范围,仍然要坚持“违反国家有关规定”这个前提。

2. 确定“非法利用”行为的合理内涵

将非法使用个人信息的行为纳入规制范畴,也要合理确定“非法利用”行为的具体罪状形态,以此做到罪刑法定、合理入罪。《网络安全法》第41条规定,网络运营者收集、使用个人信息应当公开使用规则,明示使用目的、方式和范围,并且要获得被收集者的同意。据此,可以归纳出“非法利用”行为的具体样态:一是未经信息主体同意而直接利用其个人信息;二是虽然经过了信息主体同意,但是利用行为超过了信息主体的应允范围,或者没有按照被收集者同意的方式、目的使用其个人信息。以上两类行为都构成未经同意的非法利用个人信息行为,侵害了信息主体的信息自决权,应当作为非法利用

[19] 参见刘宪权、房慧颖:《侵犯公民个人信息罪定罪量刑标准再析》,载《华东政法大学学报》2017年第6期。

个人信息的具体行为特征。[20]

3. 明确"情节严重"的入罪标准

刑法的谦抑性在于,并非所有的非法行为都要进行入罪处理。因此,并非只要存在非法利用个人信息的行为就构成侵犯公民个人信息罪,而应该区别一般的违法行为与情节严重的犯罪行为。尽管,"情节严重"这一术语具有一定的模糊性,但仍然不可否认,它是区分罪与非罪的重要标准。在一般情况下未经信息主体同意而使用其个人信息并不构成犯罪。例如,行为人获得个人信息后,用电话推销自己产品的行为。一旦非法利用个人信息的行为造成非常严重的后果,就应当入罪。[21] 在大数据时代全面来临之际,转变规制侵犯公民个人信息行为的路径,将规制范围扩大到"非法使用"个人信息的行为时,仍然要坚持"情节严重"的具体标准。

四、结语

大数据时代,技术的发展使公民遭受法益侵害的可能性也大为增加。[22] 因此,为了打击实践中愈演愈烈的犯罪行为,使侵犯公民个人信息罪发挥应有的保障作用,有必要重新阐释该罪的法益,明确以"信息自决权"为核心内容的"个人信息权说"的正确导向;不仅保护公民的信息转移自主权,同时也应该保护其使用自主权。转变传统的"源头治理"模式,转变规制路径,形成一条"前端打击"与"末端治理"相结合的全面规制路径,把侵犯个人信息的行为类型从非法获取和非法提供扩大到非法利用。同时,要坚持罪刑法定原则,划定合理的入罪边界,在个人信息的利用与保护之间保持平衡。

---

⑳ 参见李川:《个人信息犯罪的规制困境与对策完善——从大数据环境下滥用信息问题切入》,载《中国刑事法杂志》2019年第5期。

㉑ 参见何能高、许双燕:《个人信息保护新型路径研究——以刑法保护为侧重点》,载《中国人民公安大学学报(社会科学版)》2019年第2期。

㉒ 参见王利明:《人格权法的新发展与我国民法典人格权编的完善》,载《浙江工商大学学报》2019年第6期。

Interpretation of the Legal Interests Protected by Crimes against Citizens' Personal Information and the Way of Regulation in the Era of Big Data

Wu Junyan

Abstract: For a long time, the crime of infringing citizens' personal information has been controversial and one of the reasons is its fuzziness of protecting legal interests. Whether it is the "property rights theory" or the "personality rights theory" established earlier based on the private right protection, or the "public management order theory" advocated later from the angle of public interests, does not reveal accurately the connotation of the legal interests protected by this crime. It should be said that in the era of big data, which depends on information for a living, it is important to advocate the "information self-determination" centered on the protection of individual citizens' information transfer autonomy and the use of autonomy. In addition, the current attack mode on the crime of infringing citizens' personal information focuses on "source" governance, which only cracks on illegal provision and illegal acquisition and lacks adequate governance of the legal acquisition but illegal use of citizens' personal information. Therefore, the criminal law should expand the protection path and the scope of protection moderately, bring the illegal use behavior with serious social harmfulness into the scope of attack, and set a reasonable criteria for conviction of the illegal use behavior to prevent excessive penalization.

Key words: Big Data; Personal Information; Legal Interest; Illegal Usage

国际法研究

《西南法律评论》(第5卷·总第34卷)
第175~186页

我国最高人民法院国际商事法庭增设上诉机制问题研究

王振谦*

摘　要:我国最高人民法院国际商事法庭设置上诉机制具备必要性,主要在于再审对当事人救济的局限性和上诉机制的特殊优势,即有利于诉讼优势的建立、符合"一带一路"国际商事争端机制"追求效率"的价值取向以及是大国司法理念下中国国际民事诉讼体系竞争力建设的内在要求。因此,建议采用"专门法院一审+最高人民法院国际商事法庭主要二审"的形式引入上诉机制。在兼顾上诉机制的公正性的同时,需要通过给予当事人上诉权的处置权利、推动上诉权程序迅速化等推动上诉程序的效率,平衡国际商事法庭的公正与效率价值取向。

关键词:国际商事法庭;上诉;再审;专门法院;民事诉讼效率化

* 华东政法大学国际法2019级硕士研究生。

一、我国最高人民法院国际商事法庭设立一审终审制的分析

2018年1月23日,习近平主持召开中央全面深化改革领导小组会议,审议通过了《关于建立"一带一路"国际商事争端解决机制和机构的意见》(以下简称《意见》)。《意见》提出,最高人民法院设立国际商事法庭。就审级制度角度而言,最高人民法院代表的最高管辖层级即意味着提请国际商事法庭审理的案件均应一审终审,拒绝授予败诉当事人二审上诉的救济程序。根据最高人民法院《关于设立国际商事法庭若干问题的规定》(以下简称《规定》)第15、16条的规定,我国最高人民法院国际商事法庭作出的判决、裁定,是发生法律效力的判决、裁定,当事人可以依照民事诉讼法的规定向最高人民法院本部申请再审。

首先,设置于最高人民法院一审终审,系对国际商事法庭裁判权威性的追求,通过提供具备国际执行力的裁判以期吸引外国当事人。一审终审在审级制度下有3种含义:一是事实上的一审终审,法官判决的权威性被当事人予以认可,当事人放弃上诉权利;二是审级制度的特别例外,即对于某些类型的民事案件来说,只需通过简单快速的诉讼程序,法官就可以确保实现诉讼的公正性,多余的程序配置将导致争端解决不必要的拖延和成本浪费;①三是案件已处于最高审理层级,无再被上诉到更高一级法院的空间。我国最高人民法院国际商事法庭的选择表明,我国认为国际商事案件的审理具备"在全国有重大影响力"属性,应予以最高关注和对待。换言之,我国最高人民法院国际商事法庭在裁判审级的级别之高,有助于提升国际商事法庭判决权威性,提升被他国承认与执行的可能,进而提升我国最高人民法院国际商事法庭对国际商事争端的当事人的吸引力。然而,判决权威之高似乎并非唯一追求。对于国际商事法庭"一审终审"制之设置初衷,学者还普遍认为,一审终审制体现了我国国际商事法庭高效、便利、

---

① 张晋红:《关于构建民事诉讼一审终审制的立法思考——从完善民事诉讼审级制度的视角》,载《河北法学》2005年第8期。

低成本的原则和理念。②

其次,一审终审制体现了对效率的追求。在商事纠纷的争端解决中,古往的"灰脚法庭"和先进的国际商事仲裁都采用了一审终审和一裁终局的制度,即在商人们意思合意的推进下寻求非凌驾于自身之上的权威的裁断,寻求商事争议的便利、快捷、低成本的解决。这样的一审终审可以说是商人们对商事争端解决的一种理想样态。然而,商事法庭在国家司法权威介入后,需要在当事人的意思合意与国家政策之间进行衡量。商事法庭首要任务虽然是促进当事人纠纷的快速解决,但也需要通过设置上诉制度等方式体现国家政策的实施。③ 即使国际商事法庭在设置时对"效率"十分注重,也不能忽略国家政策利益的实现,特别是能体现一国司法审判权威性的上诉机制。

然而,一审终审追求的效率并非单纯的程序快捷。在司法审判中,"快速"与"高效"并不是等同的两件事。快速,指审判程序和审判作出的时间成本尽可能少;效率,则系指在追求最公平公正司法审判结果的前提下尽可能地缩短审判程序上花费的时间。诉讼效率追求的是在正当性的基础上寻求最佳解决方案。④

最后,设置于最高人民法院一审终审时,根据《规定》第 2 条第 1 项的规定,"当事人依照民事诉讼法第三十四条的规定协议选择最高人民法院管辖且标的额为人民币 3 亿元以上的第一审国际商事案件",以及根据最高人民法院《关于调整高级人民法院和中级人民法院管辖一审民事案件标准的通知》(法发〔2019〕14 号)(以下简称《一审案件标准》的规定),"高级人民法院管辖诉讼标的额 50 亿元(人民币)以上(包含本数)",可知,3 亿元的国际商事案件实则达不到高级人民法院审级对案件"重大影响力"的量化标准"50 亿元"。因此,在最高人民法院,针对标的额为人民币 3 亿元以上的第一审国

② 参见何其生课题组:《当代国际商事法院的发展——兼与中国国际商事法庭比较》,载《经贸法律评论》2019 年第 2 期;刘俊敏、童铮恺:《"一带一路"背景下我国国际商事法庭的建设与完善》,载《河北法学》2019 年第 8 期;杜涛、叶珊珊:《论我国国际商事法庭管辖权制度的完善》,载《中国国际私法与比较法年刊》2018 年第 1 期;薛源、程雁群:《以国际商事法庭为核心的我国"一站式"国际商事纠纷解决机制建设》,载《政法论丛》2020 年第 1 期等。

③ 参见郑少华:《营商司法组织论》,载《法学》2020 年第 1 期。

④ 参见孙俊:《我国法院诉讼效率的法经济学分析》,载《现代交际》2019 年第 16 期。

际商事案件,可接受当事人的协议管辖,实则是为了寻求在最高人民法院层面形成统一的裁判,以期形成对下级法院裁判的统一案例指导。然而,这是《规定》第 2 条第 3、5 项就可以达到的效果,“(三)在全国有重大影响的第一审国际商事案件”“(五)最高人民法院认为应当由国际商事法庭审理的其他国际商事案件”。

二、我国最高人民法院国际商事法庭设置上诉机制的必要性

有学者认为,一审终审是把“双刃剑”,在追求快速达成有效裁判的同时,也确实忽视了上诉机制的价值和功效。⑤ 在我国最高人民法院国际商事法庭中设置上诉机制具有必要性,主要基于以下两方面的考量:再审制度救济的有限性和上诉机制的独特优势。

(一)再审制度救济的有限性

对于上诉救济权利的缺失,有学者认为,当事人可以根据《中华人民共和国民事诉讼法》(以下简称《民事诉讼法》)的规定向最高人民法院本部申请再审。⑥ 然而,这种做法无论从理论层面还是实践层面来说,都有待商榷。理论上,再审程序的救济例外性、启动具有审查门槛和适用理由上的严格性等使得再审程序在理论上很可能处于减少和控制适用的地位。其一,在本质特性上,再审最突出的特点在于以生效的法律文书为对象,如若想要改变既判力的束缚,必须在符合法定条件的情形下才能实现。再审制度具有例外性、特殊性和非常态性。其二,在核心功能上,再审以“择案而审,有限纠错”为原则。其三,在启动程序上。再审程序的启动并非完全取决于当事人的意思或主观判断,当事人须向法院主张法定的再审事由并经法院的审查和同意。其四,在适用理由上。再审的适用理由仅限于以必要且明显的错误和瑕疵为事

⑤ 参见何其生课题组:《当代国际商事法院的发展——兼与中国国际商事法庭比较》,载《经贸法律评论》2019 年第 2 期。

⑥ 参见陶心远:《“一带一路”视野下中国国际商事法庭的设立与完善》,载《广西政法管理干部学院学报》2019 年第 6 期;杜涛:《论我国国际商事法庭管辖权制度的完善》,载《中国国际私法与比较法年刊》2018 年第 1 期。

由,不是所有的民事案件均可获得再审程序救济,具有一定的严格性。⑦

实践中,再审救济具备救济的有限性。首先,当事人申请再审并不难,难在案件能够真正进入实质性再审环节。从《最高人民法院公报》公布的全国法院2008年至2016年再审案件司法统计数据看,全国法院受理的申诉、申请再审案件数量居高不下,几乎每年都超过10万件,2016年接近18万件。但是再审率却较低,常年徘徊在0.3%,2016年甚至低于0.2%。⑧ 其次,在通过二审上诉程序就能有效纠错而无须再审的情形下,额外的再审申请裁定程序意味着3个月时间上限的等待,同时裁判的执行非经再审裁定不中断。

(二)上诉机制具备独特优势和必然性

首先,上诉机制是诉讼的独特优势,是国际商事法庭被选择的重要因素之一。诉讼与仲裁的差异,在于对公正与效益价值存在不同的侧重追求。诉讼强调公正价值,通过较为繁复、充分的诉讼程序设计在一定程度上保证诉讼的公正。仲裁则坚持效率优先,特别是"一裁终局"的特征,防止拖延、追求便利化是仲裁之所以在法院诉讼外兴旺发达的原因。⑨ 两者在争端解决机制中发挥着不同的作用。国际商事法庭的上诉机制正是其有别于国际商事仲裁庭的特色之一,是当事人对选择国内法院诉讼和国际商事仲裁没有兴趣时的决定因素之一。⑩ 虽然国际商事法庭无法完全取代国际商事仲裁的优势,⑪但是两审终审制有利于把司法程序与仲裁的"一裁终局"区分开来,形成明确的优势选择空间。上诉机制所具备的独立程序价值正是在于它给了

⑦ 参见吴英姿:《"再审之诉"的理论悖论与实践困境——申请再审权性质重述》,载《法学家》2018年第3期;潘剑锋:《程序系统视角下对民事再审制度的思考》,载《清华法学》2013年第4期;韩静茹:《错位与回归:民事再审制度之反思——以民事程序体系的新发展为背景》,载《现代法学》2013年第2期;潘剑锋:《中国民事审判程序体系之科学化革新——对我国民事程序及其相互关系的反思》,载《政法论坛》2012年第5期;江必新、程琥:《司法程序终结问题研究》,载《法律适用》2013年第7期。

⑧ 参见吴英姿:《"再审之诉"的理论悖论与实践困境——申请再审权性质重述》,载《法学家》2018年第3期。

⑨ 参见汪祖兴:《仲裁监督之逻辑生成与逻辑体系——仲裁与诉讼关系之优化为基点的渐进展开》,载《当代法学》2015年第6期。

⑩ See Godwin, Andrew, et al., *International Commercial Courts: The Singapore Experience*, Melbourne Journal of International Law 18(2017).

⑪ 参见叶珊珊:《国际商事法庭对国际商事仲裁的影响——以新加坡国际商业法庭和伦敦商事法庭为例》,载《北京仲裁》2019年第1期。

当事人再次表达诉求的机会,从而使国际商事仲裁的司法审查裁定更容易得到双方当事人的最终接受。

其次,上诉机制符合“一带一路”国际商事争端机制追求“效率”的政策取向。《意见》要求坚持公正高效便利原则。公正在3个价值取向中占首要地位,案件的实体正义是最终追求的目标。节约诉讼时间、成本也应以法庭判决的准确性为前提。⑫ 一审终审固然可以提高审判效率,但效率主要应通过缩短审理周期、提高专业水准(如能够迅速有效地查明外国法)等途径来实现,国际商事法庭的诉讼程序按照现有诉讼制度,采用两审终审制度,是一个更优的路径选择。⑬

最后,上诉机制是大国司法理念下中国国际民事诉讼体系竞争力建设的内在要求。我国最高人民法院国际商事法庭旨在推动国际商事审判专业化的同时,也需要在制度上不断创新以突出对当事人权利保护的便利性,提升我国最高人民法院国际商事审判的专业性和吸引力。审级制度的设置可以使二审裁判对可能存在瑕疵的一审裁判进行纠正,从而更好地保护当事人的合法权益,维护公平正义。⑭

综上所述,我国最高人民法院国际商事法庭设置上诉机制具备必要性。上诉机制既可以弥补再审对当事人救济的局限性,还具备其独特的优势,即不仅有利于诉讼优势的建立,还符合国家对自身国际争端解决机制的效率提升和国际司法服务竞争力提升的政策取向。因此,有必要考虑如何在我国最高人民法院国际商事法庭中设立上诉机制。

三、在我国最高人民法院国际商事法庭中设立上诉机制的形式

(一)维持现状,在最高人民法院内部设立上诉庭

根据《意见》和《规定》可知,我国最高人民法院国际商事法庭系属于最

⑫ 参见宁静波:《法经济学视野下的民事诉讼效率及其实现途径》,载《求索》2013年第7期。

⑬ 参见蔡伟:《国际商事法庭:制度比较、规则冲突与构建路径》,载《环球法律评论》2018年第5期。

⑭ 参见何贞斌:《我国民事诉讼审级制度与二审具体问题研究》,载《四川师范大学学报(社会科学版)》2014年第4期。

高人民法院的组成部分。在我国,从立法而言,《民事诉讼法》有关二审的程序设计均在上下两级法院之间展开,且最高人民法院以上再无上一级法院,一法院两审级将突破现行法律规定,需要修改《民事诉讼法》或者制定新的《国际商事法庭》部门法。另外,即使认为对审级制度改革,采用“一级两审制”也仅在基层法院层面比较适宜,中级以上法院不宜实行该制度。[15] 因此,最高人民法院层面上国际商事法庭虽然可以最大限度体现一国判决的权威性,有利于判决被他国承认与执行,但是一级两审制在最高人民法院可操作空间极低,不下沉审级便引入上诉机制并非一个明智的选择。因此,以下的两种形式皆采用审级下沉的方式。

(二)专门法院+专门上诉法院或专门上诉法庭

我国在专门法院的建设上具备足够的经验,主要将专门法院设置为中级人民法院层级。例如,海事法院作为受理海事、海商案件的专门法院,在设置层级上属于中级人民法院,审理案件的审级上均为一审,案件的二审则一律由海事法院所在地的高级人民法院审理。[16] 此外,现已设立的北京、上海、广州知识产权法院既审理专利、植物新品种、技术秘密、布图设计等技术类民事案件的初审案件,也审理著作权、商标权、反不正当竞争等一般民事案件的上诉审,属于中级人民法院审级。[17] 关于知识产权的二审案件,学者普遍提出知识产权上诉法院、知识产权高级法院的制度建设理念,[18]或者坚持最高人民法院《关于知识产权法庭若干问题的规定》(法释〔2018〕22 号)规定的,由最高

---

[15] 参见黄明耀:《审级制度改革与法院制度改革的衔接研究》,载《法律适用》2018 年第 15 期。

[16] 参见于志刚、李怀胜:《杭州互联网法院的历史意义、司法责任与时代使命》,载《比较法研究》2018 年第 3 期;付荣:《中国海事法院:问题与出路——兼论其他专门法院》,载《河北法学》2009 年第 5 期。

[17] 参见宋晓明:《知识产权法院的中国探索》,“知识产权保护的国际视野”国际研讨会 2014 年会议论文;吴汉东:《中国知识产权法院建设:试点样本与基本走向》,载《法律适用》2015 年第 10 期;吴汉东:《中国知识产权法院建设的理论与实践》,载《知识产权》2018 年第 3 期。

[18] 参见易继明:《构建知识产权大司法体制》,载《中外法学》2018 年第 5 期;郃中林:《境外知识产权专门法院制度对我国的启示与借鉴》,载《法律适用》2010 年第 11 期。

人民法院知识产权法庭主要审理上诉案件。[19] 因此,我国国际商事法院似乎也可以参考采用"专门法院+专门上诉法院或专门上诉法庭"的形式,即可以采用"国际商事法院(中级人民法院级别)—国际商事上诉法院或国际商事高院—最高人民法院再审"或者"国际商事法院(中级人民法院级别)—最高人民法院国际商事法庭(审理跃过高院审级的上诉)—最高人民法院再审"的形式。

我国参考采用"专门法院+专门上诉法院或专门上诉法庭"的国际商事法院形式具备可行性。首先,《中华人民共和国人民法院组织法》(以下简称《人民法院组织法》)第15条规定,专门法院的组织和职权由全国人民代表大会常务委员会另行规定。这说明,我国的专门法院包括但不限于军事法院、海事法院,这就为国际商事法院的设立预留了制度空间。其次,专门法院的设置形式采用审级下沉至中级人民法院等级,并设置相应的上诉法院排斥最高人民法院的一审职能,或者将最高人民法院国际商事法庭限于主要审理上诉案件,从而尽可能保证案件当事人可以得到上诉权救济,而不被一审终审。此外,下沉至中级人民法院审级与现有的国际商事法庭的设定不存在冲突。根据《一审案件标准》的规定,3亿元以上的案件一般来说都应由中级人民法院管辖,将国际商事法庭的审级下沉至中级人民法院没有审理案件影响力下降的问题。最后,专门法院本就是国家先行先试的一种法院建设形式,在"一带一路"沿线省份实现涉外商事案件的就地审理,正符合国际商事法庭的初期建设和尝试阶段的需求,并且契合"一带一路"倡议的现实需要。

(三)商事法庭嵌入法院,依审级上诉

另一形式是,嵌入法院内部设立国际商事法庭,依照正常审级进行案件的审理,但最高人民法院国际商事法庭主要受理下级法院的上诉案件和再审案件。

首先,正如前述,《人民法院组织法》第15条规定给设置专门的国际商事

[19] 参见罗东川:《建立国家层面知识产权案件上诉审理机制开辟新时代知识产权司法保护工作新境界——最高人民法院知识产权法庭的职责使命与实践创新》,载《知识产权》2019年第7期;易继明:《司法体制改革中的知识产权法庭》,载《法律适用》2019年第3期;毋爱斌、苟应鹏:《知识产权案件越级上诉程序构造论——〈关于知识产权法庭若干问题的规定〉第2条的法教义学分析》,载《知识产权》2019年第5期。

法院预留了空间。其次,我国倡议的"一带一路"建设,沿路对国际商事争议解决是普遍需要的,所以,我国国际商事法庭采取嵌入式的设置模式更为合理。[20] 其次,有学者提出,考虑到国际商事案件的重大性与复杂性,是否可以考虑将国际商事法庭的审级设置为高级法院。[21] 但是,经《一审案件标准》规定,标的额为3亿元的案件已经无法达到高级人民法院的50亿元门槛标准,因为标的额其本质就是案件重大性和复杂的量化结果,故最高人民法院设定的国际商事案件标准不符合高级人民法院对案件重大性质的要求,"最高人民法院国际商事法庭一审+最高人民法院主要上诉审"模式不具备可行性。设置在中级以上各级法院的嵌入式设计,即"中级人民法院一审+高级人民法院二审+最高人民法院再审"则不会产生受理案件性质的冲突。最后,设置在中级人民法院层次,既可以在一定程度上保证判决的权威性,提高法院的吸引力,并且能促进其作出的判决在域外得到承认与执行。[22] 与此同时,仅须对最高人民法院国际商事法庭"主要专门再审"作出功能限定,而无须推翻其机构设置,以防止对已经投入的司法资源的浪费。

(四)总结

综上所述,第一种"在最高人民法院内部设立上诉庭"的一级两审制的建议不具有操作性,不予以考虑。第二种和第三种形式,案件的一审受理下沉至中级人民法院,最高人民法院国际商事法庭的职能主要是二审或者再审,特殊情况下依情况提审,可以尽可能排斥一审终审制对当事人上诉权救济的排斥。第二种形式中,如若单独设置专门上诉法院的话,又限制最高人民法院国际商事法庭受理一审案件,会构成对已建立的国际商事法庭功能的否定,浪费已投入的司法资源。同理,第三种"中级人民法院一审+高级人民法院二审+最高人民法院主要再审"的形式存在相同的问题。

此外,我国审判专门化的发展趋势下,专门法院的设置更能体现对国际商事案件的专门审理和注重,建议部分采纳第二种形式,形成独立的国际商事审判法院体系。此外,在"一带一路"沿线设置专门的国际商事法院可以更

---

[20] 卜璐:《"一带一路"背景下我国国际商事法庭的运行》,载《求是学刊》2018年第5期。

[21] 覃华平:《"一带一路"倡议与中国国际商事法庭》,载《中国政法大学学报》2019年第1期。

[22] 何其生课题组:《论中国国际商事法庭的构建》,载《武大国际法评论》2018年第3期。

好地契合“一带一路”建设的现实需要,不必在全国各地普遍设置。

四、推动上诉程序效率提升

上诉机制的设置可以增强判决的正确性和权威性,但仍须注重效率。国际商事法庭上诉程序的效率性建设,符合大国司法理念和国际司法服务竞争性理论的要求,有利于我国国际商事法庭建立优势,也符合《意见》对高效便利的价值追求。

(一)给予当事人排除和限制上诉权的权利

为提升上诉程序的效率,可以在国际商事法庭的程序规定中,给予当事人排除和限制上诉权的权利。那些希望保留上诉选择权但限制其范围的人可以通过将上诉限制在一定范围内来解决,例如可以上诉的特定问题事项为哪些,是事实或是法律问题,还是二者兼有。那些愿意接受事实和法律错误不得纠正风险的当事人,甚至可以完全排除上诉权构成事实上的一审终审,这样可以保证当事人在获得有效判决的同时,不用担心判决会被上诉并有可能推翻,完全符合当事人快速裁判并进入执行的预期。

对此,需要论证当事人预先合意排除和限制上诉权的合法性。当事人签订管辖协议,合意选择事先放弃上诉权,虽然尚未有立法规定,但在理论上并不存在原则性障碍。因为,当事人通过合意实现上诉权的事先放弃,与当事人在上诉阶段各自放弃上诉权并无不同。此外,从诉讼原理来看,既然当事人双方可以通过商事仲裁协议而合意放弃诉权,当事人享有诉权的处置决定权,那么对于诉权中的上诉选择权,在初审前、中、后阶段,当事人当然也可以通过管辖协议合意放弃。[23] 虽然也有学者对诉权放弃予以否定态度,认为放弃诉权的契约应当不具备诉讼法上的效力。[24] 但也有学者认为,诉权合同是当事人进行诉权处分的形式,在不违法的前提下,当事人有权依意思自治原

---

[23] 参见傅郁林:《新民事诉讼法中的程序性合意机制》,载《比较法研究》2012年第5期。

[24] 参见吴英姿:《论诉权的人权属性——以历史演进为视角》,载《中国社会科学》2015年第6期。

则进行自由处分。[25] 佐之以实证分析，司法裁判体现出来的是，我国民事司法实务对诉权合同的合法性是予以认可的。[26] 因此，笔者认为，我国可以在国际商事法庭的程序文件中进行明确规定。

（二）推动上诉程序的迅速化

首先，可以加强二审的书面审理功能。现有的二审径行裁判制度无法体现书面审理程序的便捷特征，故可以对二审“径行裁判”进行改革，强化书面审理的定位，将其与言词审理进行区分。根据《民事诉讼法》，二审径行裁判的案件也必须采用合议制，必须阅卷和调查、询问当事人，由此，径行裁判与言词审理的区别主要在于是否需要“正式开庭”。同时，由于立法没有对“询问当事人”的程序予以规定，过于“周到”的程序追求，却造成了“书面审理”中混杂“言词审理”的问题，人为降低了径行裁判的效率。具言之，立法应取消径行裁判案件“询问当事人”的必要规定，审判人员对于径行判决的案件仅通过阅卷即可作出判决。[27]

其次，对需要开庭的上诉程序，可以规定上诉案件的审前会议程序。我国《民事诉讼法》没有对二审案件的审前准备程序作出规定。笔者认为，我国《民事诉讼法》有必要规定，对于需要开庭审理的二审案件，需要先进行充分的审前准备，以便完成确定争议焦点、交换证据等任务。

最后，对国际商事法庭审理案件时间进行适当缩短，减少不必要的诉讼等待时间。审判周期由诉讼行为时间和等待时间组成。事实上，诉讼行为时间只占审判周期中的极低比例，等待时间不会对审判造成明显影响，符合审判周期规律的审判迅速化应当保障必要的诉讼行为时间而注重减少等待时间。加速审判进程，应尽量剔除例如合议、宣判等待期等不必要拖延。[28] 另外，我国民事诉讼法规定的 3 个月的上诉审理时间是否可以体现出国际竞争力，是否可能适当缩减为 2 个月？然而，考虑到国际商事案件将来可能增多，

---

[25] 参见张卫平：《论民事诉讼的契约化——完善我国民事诉讼法的基本作业》，载《中国法学》2004 年第 3 期。

[26] 参见巢志雄：《民事诉权合同研究——兼论我国司法裁判经验对法学理论发展的影响》，载《法学家》2017 年第 1 期。

[27] 参见纪格非：《消亡抑或重生——言词原则在民事二审程序中的发展趋势及其启示》，载《法学评论》2012 年第 4 期。

[28] 参见庞小菊：《审判周期构成理论引导下的审判迅速化》，载《法商研究》2018 年第 1 期。

法官专业水平和司法资源的有限性也需要考虑进去。

Appeal Mechanism of China International Commercial Court

Wang Zhenqian

Abstract: It is necessary for the China International Commercial Court to set up an appeal mechanism, mainly because of the limitation of retrial for the remedy of the parties and the special advantages of the appeal mechanism, that is, it is conducive to the establishment of litigation advantages, in line with the construction of the Belt and Road International Commercial Dispute Resolution Mechanism's policy orientation and is also an inherent requirement for the competitiveness of China's international civil litigation system and the idea of justice in a powerful country. The form of setting up the appeal mechanism mainly includes setting up a special appeal court within the Supreme Court, setting up special international commercial courts and embedding it in many intermediate people's courts. The form of special courts is the best choice, and second is the form embedded in the intermediate court. When taking into account the fairness of the appeal mechanism, it is necessary to promote the efficiency of the appeal process, which mainly includes giving the parties the option of pre-procedural consensus exclusion and limitation of the right to appeal; the overall reform of promoting the appeal trial's speed. The first one has legitimacy, the second one needs to be based on long-term reforms, and the third does not conform to the current China's conditions and is still to be questioned.

Key words: International Commercial Court; Appeal; Retrial; Civil Procedure Efficiency

《西南法律评论》(第5卷·总第34卷)
第187 ~188页

《西南法律评论》征稿启事

《西南法律评论》创办于1985年,前身为《法论(西南政法大学研究生学报)》,是由西南政法大学主办,在校硕士、博士研究生承办的法学学术连续出版物。一年两卷,由法律出版社公开出版。自第30卷起,启用"西南法律评论"刊名。

一、栏目设置与选题参考

《西南法律评论》聚焦于法治发展中的经典理论命题和重大实践问题,提倡"小题大作"、见微知著、资料翔实、问题意识明确的精细化研究,亦欢迎视野开阔、论证圆融的宏大叙事。文章体裁不限,以学术论文、案例评析为主。设有"法理学新探""民商法专论""诉讼法研究""刑事法前沿""经济法论衡""国际法研究"等专题。

二、征稿对象

高校、科研院所师生和实务界人士。

三、投稿方式

1. 请将电子文档投至fa_lun@126.com,邮件主题为"文章题目+姓名+手机号";

2. 请务必在邮件中及文稿后注明稿件联系人的姓名、工作单位、通信地址、电话、邮编等详细联系方式;审稿期间请保持通信畅通,方便进行稿件修订。

四、征稿说明

1.来稿文责自负,作者应确保其作品不侵犯他人或组织的著作权,《西南法律评论》所载文章观点均属作者本人,不代表编委会或主办单位的意见。

2.禁止“一稿多投”。来稿无论采用与否,编委会将于收稿之日起30天内回复审稿意见。来稿请自留底稿,恕不退稿。

3.文章字数9000字以上,重复率不超过15%。

4.所有来稿请附英文标题;论文类稿件需另附中英文摘要和关键词;翻译作品需附原文及原文作者或出版方的书面授权许可(包括E-mail)。

5.投稿格式规范详见《西南法律评论》公众号。

6.为确保文稿质量和用稿公正,《西南法律评论》实行双向匿名评审制度,由博士编辑初审,学科老师复审,主编进行终审。

7.《西南法律评论》以文稿质量为唯一录用标准,不问作者职称职务、学历、专业、工作单位等,谢绝一切形式的关系稿。

8.《西南法律评论》已被“中国学术期刊网络出版总库”及CNKI系列数据库收录。作者如不同意文章被收录,请在来稿时声明,编委会将适当处理。往期作者如有异议,请联系知网或者编委会,否则默认为同意。

9.《西南法律评论》不收版面费;来稿一经刊发,即敬奉样刊。

《西南法律评论》编委会